국가연구과제소송

국가연구과제소송

초판 1쇄 발행 2025년 8월 18일

지은이 황은정
펴낸이 장길수
펴낸곳 지식과감성#
출판등록 제2012-000081호

교정 주경민
디자인 정윤솔
편집 정윤솔
검수 한장희, 이현
마케팅 김윤길

주소 서울시 금천구 벚꽃로298 대륭포스트타워6차 1212호
전화 070-4651-3730~4
팩스 070-4325-7006
이메일 ksbookup@naver.com
홈페이지 www.knsbookup.com

ISBN 979-11-392-2744-4(93360)
값 18,000원

- 이 책의 판권은 지은이에게 있습니다.
- 이 책 내용의 전부 또는 일부를 재사용하려면 반드시 지은이의 서면 동의를 받아야 합니다.
- 잘못된 책은 구입하신 곳에서 바꾸어 드립니다.

지식과감성#
홈페이지 바로가기

황은정 변호사 지음

국가연구과제소송

여는 글

　필자가 국가연구과제를 처음 접한 것은 2013년이다. 당시 미래창조과학부(현 과기정통부)에서 중소 R&D 기업들을 대상으로 특허컨설팅을 해 주는 사업이 있었는데 그 사업의 총괄을 맡은 것이 그 계기였다. 3년가량 위 사업을 수행하고 이를 인연으로 당시 법률시장에서 낯설었던 국가연구과제 분야에서 활동하기 시작했다.

　국가연구과제 행정은 기본적으로 행정법의 영역이지만, 과학기술연구와 맞닿아 있어 과학기술에 대한 이해가 요구되는 특수행정 분야에 속한다고 할 수 있다. 과거에는 주로 출연연이나 대학이 주요 플레이어들이어서 국가연구과제에 대한 법적 논의나 분쟁이 많지 않았다. 그러나 사기업들의 국가연구과제 분야에 대한 참여가 증가하고 사업 구조도 점점 다양해지고 거기에 총사업비도 약 30조원에 이를 만큼 사업 규모가 커짐에 따라 과제 관리에 관한 다양한 방법론들이 시도되었고 시행착오를 겪어 왔다.

2021년부터 국가연구개발혁신법이라는 통일 단일법이 제정·시행되는가 하면, 연구과제 관리에 관한 이론과 실무도 점점 정교해지고 있다. 그러나 아직 다듬고 정비되어야 할 것들이 많다.

본 책자는 필자가 12년 동안 국가연구과제 분야에서 고독하고 치열하게 싸우며 배우고 깨달은 것들을 정리한 졸저이다. 누군가에게 조금이나마 도움이 되는 내용이기를 조심스럽게 바라 본다.

2025. 6.

황은정

목차

여는 글   4

I. 국가연구개발사업과 출연금   12

1. 국가연구개발사업의 정의   12
2. 출연금   13
3. 보조금과 구별   14
4. 출연금의 부정수급이 보조금법 위반에 해당되는지   16

II. 국가연구개발혁신법   19

1. 개설   19
2. 적용범위   20
3. 혁신법 시행 이전에 협약된 과제에 관한
   제재처분 시 법적용의 문제   21
4. 혁신법 개정과 제재처분 기준의 변경   24
       가. 행정기본법 제14조 제3항 단서   24
       나. 혁신법에 적용   24
5. 제척기간 규정의 적용범위   25
       가. 개설   25

나. 구 과학기술기본법에 근거한 제재처분에도
　　　　제척기간이 소급 적용되는지　　　　　　　　　　25
　　다. 제척기간의 적용대상　　　　　　　　　　　　　28

III. 국가연구개발사업의 추진　　　　　　　　　　30

1. 개설　　　　　　　　　　　　　　　　　　　　**30**
2. 과제선정　　　　　　　　　　　　　　　　　　**31**
　　가. 선정평가　　　　　　　　　　　　　　　　　31
　　나. 감점적용 시 3년의 소급 기산점　　　　　　　31
3. 선정결과에 대한 불복 방법　　　　　　　　　　**33**

IV. 국가연구개발사업과 협약　　　　　　　　　　35

1. 협약의 의미와 적용 법률　　　　　　　　　　　**35**
2. 협약의 법적 성질　　　　　　　　　　　　　　**36**
3. 협약의 구성　　　　　　　　　　　　　　　　　**36**
　　가. 당사자　　　　　　　　　　　　　　　　　　36
　　나. 주요내용　　　　　　　　　　　　　　　　　37
　　다. 사업비관리 규정과 상충되는 협약의 효력　　　38
4. 다년간 협약과 법률의 개정　　　　　　　　　　**42**
5. 협약의 해약　　　　　　　　　　　　　　　　　**43**
　　가. 쟁점　　　　　　　　　　　　　　　　　　　43
　　나. 논의　　　　　　　　　　　　　　　　　　　43
　　다. 사견　　　　　　　　　　　　　　　　　　　45

V. 국가연구개발과제와 제재처분   47

1. 제재처분의 개요   47
   가. 제재처분의 성질   47
   나. 구별개념   48
   다. 제재처분의 주체   49
   라. 제재처분 업무의 대행   49
   마. 제재사유   50

2. 연구비 용도 외 사용   53
   가. 개설   53
   나. 연구비 사용용도와 사용기준   53
   다. 연구비의 전용(轉用)   54
   라. 학생인건비 공동관리   55
   마. 연구비 부정사용과 구상 청구   61

3. 협약상 의무 불이행   63
   가. 개념   63
   나. 구체적 사례   63

4. 거짓 기타 부정한 방법으로 연구개발과제를 신청하거나 이를 수행하는 경우   65
   가. 개념   65
   나. 구체적인 사례   66

5. 제재처분의 종류와 양정   68
   가. 참여제한   68
   나. 제재부가금   75
   다. 환수처분   80

6. 제재처분과 비례원칙   81

VI. 기속력과 재처분 85

1. 기속력 85
2. 문제점 86
3. 사견 87

VII. 연구개발 중단조치 88

1. 연구개발 중단조치의 의미 88
2. 중단조치 사유 89
3. 연구개발 중단조치의 처분성 90

VIII. 연구비 정산 91

1. 개설 91
2. 관련 규정 92
3. 연구비 정산의 법적 성질 93
4. 구별개념 94
5. 정산금 채권의 소멸시효 94
6. 강제징수 방법 95
7. 불복절차 96

IX. 국가연구과제 성과물의 권리 귀속관계　　99

1. 연구개발성과의 정의　　99
2. 연구개발성과의 권리 귀속　　100
　가. 소유권　　100
　나. 실시권　　102
3. 연구성과물 중 발명을 국가에 귀속시키는 일응의 기준　　105
　가. 일반론　　105
　나. 국가 귀속 결정의 일응의 기준　　106
4. 공공연구기관의 연구개발성과에 관한 권리관계　　110
　가. 직무발명의 권리관계　　110
　나. 직무발명 승계 후 포기의 자유　　111
　다. 직무발명 포기 시 종업원이 양수할 기회 부여　　111

X. 국가연구과제와 개인정보의 활용　　113

1. 개설　　113
2. 가명정보의 활용　　114
　가. 가명정보의 개념　　114
　나. 가명정보의 처리　　114
　다. 가명정보 관련 준수사항　　116
　라. 가명정보의 제3자 제공 시 주의사항　　118
3. 이동형 영상정보처리기기에 의한 촬영　　119
　가. 문제점　　119
　나. 허용되는 경우　　119
　다. 준수사항　　120

Ⅰ. 국가연구개발사업과 출연금

1. 국가연구개발사업의 정의

국가연구개발사업이란, 중앙행정기관이 법령에 근거하여 연구개발을 위하여 예산 또는 기금을 지원하는 사업을 말한다. 예를 들어, 산업통상자원부장관은 산업기술혁신 촉진법에 근거하여 "산업기술개발사업"을 추진할 수 있고, 국방부장관은 국방과학기술혁신 촉진법에 따라 "국방연구개발사업"을 시행하는 것이다. 국가연구개발사업은 과학기술을 혁신하고 국가경쟁력을 강화함으로써 궁극적으로는 국민경제의 발전을 도모하며 국민의 삶의 질을 높이기 위한 목적을 가진다.

2. 출연금

 이러한 연구개발사업에는 인적, 물적 자원이 필요한데, 국가가 이러한 자원을 직접 보유하며 사업을 수행하는 것은 현실적으로 불가하다. 따라서, 국가는 연구기관이나 기업에 일정 자금을 지원하여 국가가 수행할 연구개발을 대신 수행하도록 한다. 이처럼, 정부가 직접 수행하기 어렵거나 민간이 이를 대행하는 것이 보다 효과적이라고 판단되는 사업에 관하여 민간에게 반대급부 없이 교부하는 돈을 출연금이라고 한다.

 관련하여 국가재정법 제12조는 "국가는 국가연구개발사업의 수행, 공공목적을 수행하는 기관의 운영 등 특정한 목적을 달성하기 위하여 법률에 근거가 있는 경우에는 해당 기관에 출연할 수 있다."고 규정하고 있다.

3. 보조금과 구별

보조금이란, 국가 외의 자가 수행하는 사무 또는 사업에 대하여 국가가 이를 조성하거나 재정상의 원조를 하기 위하여 교부하는 보조금(지방자치단체에 교부하는 것과 그 밖에 법인·단체 또는 개인의 시설자금이나 운영자금으로 교부하는 것만 해당한다), 부담금, 그 밖에 상당한 반대급부를 받지 아니하고 교부하는 급부금으로서 대통령령으로 정하는 것을 말한다.

출연금과 보조금은 반대급부 없이 민간에 재정상 지원을 한다는 점에서 유사하나, 출연금은 국가가 추진하는 특정사업을 민간이 하도록 하고 지급하는 금원인 반면, 보조금은 본래 민간의 사업에 대해 국가가 재정적 원조를 한다는 점에서 차이가 있다. 양자는 금원의 사용 용도가 정해져 있고, 지출에 관하여 엄격한 사후관리를 받는다는 점에서 공통되나, 위와 같은 차이점으로 인해 **국가연구개발사업 출연금은 국가연구개발혁신법으로, 보조금은 보조금관리법으로 각 다르게 규율되고 있다.**

출연금

- 국가연구개발사업 수행, 공공목적의 기관 운영 등 특정 목적을 위해 지급(국가재정법 제12조)
- 기관별로 예산 편성
- 국가연구개발사업의 경우 국가연구개발혁신법 적용
- 그 외의 경우 공공재정 환수법 적용

보조금

- 국가외의 자가 수행하는 사무 또는 사업을 조성 또는 원조하기 위해 지급(보조금법 제2조)
- 사업별로 예산 편성
- 출연금을 예산에 계상한 기관은 보조금 계상 불가
- 보조금법 적용

출연금과 보조금의 구별

4. 출연금의 부정수급이 보조금법 위반에 해당되는지

과거 형사실무에서는 국가연구과제 수행과정에서 연구비를 부정사용하는 경우 사기 및/또는 보조금법 위반죄로 기소하거나 유죄를 선고하는 경우가 종종 있었다. 예를 들어 중기부가 발주한 『구매조건부 신제품개발사업 국내수요처 R&D 과제』의 수행기관으로 선정되기 위해 위조된 '자발적 구매협약 동의서'를 제출하여 주관기관으로 선정된 사안에서 법원은 중소기업 기술혁신 촉진법 제10조 등에서 "출연", "출연금"이라는 용어를 사용하고 있기는 하지만, 이 사건 보조금은 중소기업의 기술혁신을 촉진하기 위하여 중소기업자에게 기술혁신에 필요한 자금지원(같은 법 제9조 제1항 제1호)의 일환으로 교부된 것이므로, 국가재정법 제12조의 "출연금"의 성격을 갖는다기보다는, 국가재정법 제54조("민간에 지원"), 보조금 관리에 관한 법률 제2조 제1호("재정상의 원조")에서 규정한 "보조금"에 해당한다고 봄이 타당하다고 하면서 보조금법 위반으로 규율하여 왔다(서울동부지방법원 2019고단3200 판결).

그러나 ⅰ) 애초에 관련 국가재정법 등 관련 법이 출연금과 보조금을 명확히 구별하여 규율하고 있는 점, ⅱ) 국가연구개발과제에서 지급되는 출연금은 관련 법이 규정한 연구사업 수행에 드는 비용을 출연한 것으로 본질적으로 수행기관에 자금을 지원하는 성격을 가진다는 점, iii) 출연금의 개별적·구체적 성격을 따져 보조금법을 적용하는 것은 법적안정성에 반한다는 점 등을 고려하면 국가연구과제 출연금에 대해서는 보조금법을 적용하지 않는 것이 타당하다 할 것이다.

이러한 맥락에서 서울남부지방법원 2020노1447 판결 보조금법 제40조 제1호는 "거짓 신청이나 그 밖의 부정한 방법으로 보조금이나 간접보조금을 교부받거나 지급받은 자" 등을 처벌할 뿐이므로, **'보조금'에 해당하지 않는 금원을 거짓 신청을 하는 방법으로 교부받았다고 하더라도 이를 보조금법으로 처벌할 수는 없다**고 전제하고, 보조금법 제2조 제1호는 '보조금'을 "국가 외의 자가 수행하는 사무 또는 사업에 대하여 국가가 이를 조성하거나 재정상의 원조를 하기 위하여 교부하는 보조금(지방자치단체에 교부하는 것과 그 밖에 법인·단체 또는 개인의 시설자금이나 운영자금으로 교부하는 것만 해당한다), 부담금(국제조약에 따른 부담금은 제외한다), 그 밖에 상당한 반대급부를 받지 아니하고 교부하는 급부금으로서 대통령령으로 정하는 것을 말한다."라고 규정한다. 한편, 산업기술혁신 촉진법(이하 "산업기술혁신촉진법") 제11조 제2항은 "산업통상자원부장관은 연구기관, 대학, 그 밖에 대통령령으로 정하는 기관·단체 또는 기업 등으로 하여금 산업기술개발사업을 수행하게 할 수 있다."라고 규정하고, 이 경우 산업통상자원부장관이 주관연구기관, 참여기관과 산업기술개발사업에 관한 협약을 체결하고 해당 사업의 수행에 드는 비용의 전부 또는 일부를 출연 또는 보조할 수 있도록 하였는데, 피해자 한국산업기술평가관리원에 대한 2021. 8. 4. 자 사실조회 회보에 따르면, "**피해자가 이 사건 사업과 관련하여 피고인 A에게 제공한 금원은 보조금법에 따라 해당 법인의 시설자금이나 운영자금으로 교부한 것이 아니라, 산업기술혁신촉진법에 따라 산업기술개발사업에 해당하는 이 사건 사업의 수행에 드는 비용을 출연한 것에 해당하여, 보조금법상 '보조금'이 아니라 산업기술혁신촉진법상 '출연금'에 해당하는 것으로 보인다.**"는 이유로 보조금법 위반을 인정한 원심을 파기하였다.

이러한 엇갈린 판결들이 산재한 가운데 2025. 1. 대법원은 중소기업청장이 중소기업창업 지원법에 근거하여 출연금으로 추진한 창업인턴제 사업의 인턴활동비를 부정한 방법으로 지급받았다는 이유로 보조금법 위반으로 기소된 사안에 대하여 "**국가재정에 관한 기본법인 국가재정법은 '출연금'과 '보조금'을 구별하면서 양자의 규율을 달리하고 있고, 보조금법도 보조금 예산의 적정한 관리를 목적으로 밝히면서 동일 기관 예산에 '출연금'과 '보조금'의 이중 계상을 금지하여 양자를 준별하고 있다.**"라고 하면서, "이러한 관계 법령의 내용과 체계 등에 비추어 보면 국가가 어떠한 사무나 사업에 대하여 자금을 지원하면서 국가재정법 제12조와 출연의 근거 법률에 의거하여 그 재원인 예산을 출연금에 해당하는 비목으로 계상하고 집행하였다면, 이러한 자금은 보조금 예산의 적정한 관리와 관계없는 '출연금'에 해당한다고 할 것이어서 보조금법 제2조 제1호가 정한 '보조금'으로 보아 보조금법을 적용할 수는 없다."는 이유로 보조금법 위반 유죄를 선고한 원심을 파기함으로써 논란을 종식시켰다(대법원 2022도2278 판결).

Ⅱ. 국가연구개발혁신법

1. 개설

과거에는 중앙행정기관별로 각 별도의 법률을 제정하여 국가연구과제의 공고, 선정, 협약체결, 사업관리, 제재처분 등을 다르게 운용해 왔다. 이에 대하여 비효율성과 연구자 혼선 등이 문제로 제기되어 왔고, 2021. 1. 1.부터 국가연구개발사업의 운영에 관한 범부처 공통규범을 제정·시행되었는바, 바로 국가연구개발혁신법(이하 "혁신법")이다. 혁신법은 국가연구개발사업의 추진에 관하여 다른 법률에 우선적으로 적용된다(혁신법 제4조).

2. 적용범위

혁신법은 중앙행정기관이 법령에 근거하여 예산 또는 기금을 지원하는 국가연구개발사업에 적용된다. 따라서 예산 또는 기금 사업이라 하더라도 비R&D사업인 경우에는 혁신법 적용대상이 아니다. 비R&D사업은 현재 기본법이 존재하지 않으며 각 개별법에 근거하여 시행되고 제재처분은 보조금법이나 공공재정환수법 등을 따르고 있다.

한편, 국가연구개발사업이라 하더라도 다음 표에 열거된 사업에는 혁신법 일부 규정(제9조부터 제18조)의 적용이 배제된다.

1. 중앙행정기관(그 소속 기관을 포함한다)이 소관 업무를 위하여 직접 수행하는 사업
2. 정부가 국제기구, 외국의 정부·기관·단체와 체결한 협정·조약 등에 따라 정해진 금액을 납부하여 추진하는 사업
3. 제21조제2항에 따른 보안과제로 구성된 국방 분야의 사업
4. 정책의 개발 또는 주요 정책현안에 대한 조사·연구 등을 목적으로 추진되는 사업
5. 전문기관의 업무 대행 및 제38조에 따라 위탁한 업무 수행에 필요한 비용을 지원하는 사업
6. 「학술진흥법」에 따른 학술지원사업 중 인문사회 분야
7. 「학술진흥법」과 그 밖의 법률에 따라 대학을 지원하는 사업 중 대통령령으로 정하는 사업

3. 혁신법 시행 이전에 협약된 과제에 관한 제재처분 시 법적용의 문제

혁신법은 2021. 1. 1.부터 시행되었다. 따라서, 2021. 1. 1. 이후 협약이 체결된 국가연구개발과제의 경우 제재사유와 처분양정에 있어 혁신법에 따름에는 의문이 없다. 문제는, 2021. 1. 1. 이전에 협약이 체결된 과제의 경우 혁신법을 적용할 수 있는지이다.

법 위반행위에 대하여 행정상의 제재처분은 원칙적으로 그 위반행위 당시에 시행 중인 법령에 의하여야 한다는 **행위시법 원리**가 적용된다.

행정기본법 제14조 제3항은, "법령등을 위반한 행위의 성립과 이에 대한 제재처분은 법령등에 특별한 규정이 있는 경우를 제외하고는 법령등을 위반한 행위 당시의 법령등에 따른다"고 규정하여 위 원리를 확인하고 있다.

판례도 행정처분은 그 근거 법령이 개정된 경우에도 경과 규정에서 달리 정함이 없는 한 처분 당시 시행되는 개정 법령과 그에서 정한 기준에 의하는 것이 원칙이고, **법 위반행위에 대하여 행정상의 제재처분을 하려면 달리 특별한 규정을 두고 있지 아니한 이상 그 위반행위 당시에 시행되던 법령에 의하여야** 한다(대법원 2022두57381 판결 등)고 판시한다. 따라서, 혁신법 시행 전에 협약된 과제라도 제재사유가 21. 1. 1. 이후에 발생한 것이라면 혁신법상 제재규정을 적용받게 된다.

일례로, 2021. 1. 1. 이전에 협약을 체결하고 과제를 수행하던 중 2022년도에 연구비를 용도 외로 사용하거나, 2021. 1. 1. 이전에 사업이 종료되었으나 그 이후 정당한 사유 없이 기술료를 납부하지 아니한 때에는 제재사유 발생 시점을 기준으로 혁신법을 적용하여 처분하여야 한다.

서울행정법원 2021구합88135 판결도 연구과제를 불성실하게 수행하였다는 이유로 제재처분을 한 사안에서, 연구개발기관이 최종보고서를 2021. 1. 15.에 제출한 점에 비추어 연구개발수행이 신법 시행 이후에 종료되었다고 보아 국가연구개발혁신법을 적용한 처분이 적법하다고 판시하기도 하였다.[1]

이러한 법리에 따르면 혁신법 시행 이전에 이루어진 행위에는 구법이 적용되어야 하는데 혁신법(2021. 1. 1. 법률 제17343호) 부칙 제5조는 "이 법 시행 전에 이루어진 제32조 제1항 각 호의 어느 하나에

---

1 동 판례는 "국가연구개발혁신법 시행일인 2021. 1. 1. 이전에 연구개발과제의 수행과정과 결과가 극히 불량하다는 평가까지 받은 경우 종전의 과학기술기본법 제11조의2 또는 관계 법령이 적용되고, 2021. 1. 1. 이후에 그러한 평가를 받을 경우 국가연구개발혁신법이 적용된다고 할 것이다."라고 판시하고 있으나 다소 의문이다.

해당하는 행위에 대한 제재처분에 관하여는 제32조에도 불구하고 종전의 「과학기술기본법」 또는 관계 법령에 따른다."라고 규정하고 있다. 이처럼 부칙 제5조는 제재처분에 관하여 위반행위 당시에 시행되던 법령을 적용하여야 한다는 일반원칙을 따라, 혁신법 시행 전에 이루어진 위반행위가 같은 법 제32조 각 호에 해당하더라도, 구 과학기술기본법 등에 따라 제재처분을 하여야 함을 확인한 것이다

2021.1.1. 이전 위반행위 종료	2021.1.1. 이후 위반행위 시작
2021.1.1.	
구 과학기술기본법	혁신법
참여제한, 제재부가금 처분: 제척기간(10년)	

위반행위 시점과 혁신법 적용 국면

4. 혁신법 개정과 제재처분 기준의 변경

가. 행정기본법 제14조 제3항 단서

2021. 3. 23. 제정되어 시행되는 행정기본법 제14조 제3항은, "법령등을 위반한 행위의 성립과 이에 대한 제재처분은 법령등에 특별한 규정이 있는 경우를 제외하고는 법령등을 위반한 행위 당시의 법령등에 따른다. 다만, **법령등을 위반한 행위 후 법령등의 변경에 의하여 그 행위가 법령등을 위반한 행위에 해당하지 아니하거나 제재처분 기준이 가벼워진 경우로서 해당 법령등에 특별한 규정이 없는 경우에는 변경된 법령등을 적용한다.**"고 규정하고 있다. 그리고 행정기본법 부칙 제2조는 "제14조 제3항 단서의 규정은 제정 행정기본법 시행일 이후 제재처분에 관한 법령 등이 변경된 경우부터 적용한다."고 정하고 있다.

나. 혁신법에 적용

과거 위 행정기본법 조항이 존재하지 않던 과거에는 제재기준이나 양형이 경하게 변경되더라도 위반행위 시의 제재기준을 적용해 왔다. 그러나 향후 혁신법령의 개정으로 제재처분 기준이 가볍게 변경될 경우에는 혁신법령이 다르게 정하지 않는 한 변경된 기준이 적용되어야 할 것이다.

5. 제척기간 규정의 적용범위

가. 개설

구 과학기술기본법은 국가연구개발사업의 참여제한 등 제재처분의 제척기간에 관하여는 아무런 규정을 두지 않았다. 반면, 구 과학기술기본법을 대체하는 국가연구개발혁신법은 "제재사유가 발생한 연구개발과제의 종료일 또는 그 제재사유가 발생한 국가연구개발활동의 종료일부터 10년"이 지나면 할 수 없도록 규정[2]하여 제척기간을 도입하였다.

나. 구 과학기술기본법에 근거한 제재처분에도 제척기간이 소급 적용되는지

1) 소급금지 원칙과 예외

법령 위반행위에 대하여 행정상의 제재처분을 하려면 달리 특별한 규정을 두고 있지 않은 이상 위반행위 당시 시행되던 법령에 따라야 한다.[3] 관련하여 혁신법 부칙 제5조는 "이 법 시행 전에 일어난 제32

---

2 국가연구개발혁신법 제32조 ⑤ 제1항에 따른 제재처분은 그 제재사유가 발생한 연구개발과제의 종료일 또는 그 제재사유가 발생한 국가연구개발활동의 종료일부터 10년이 지나면 할 수 없다.
3 대법원 2022두57381 판결.

조 제1항 각 호의 어느 하나에 해당하는 행위에 대한 제재처분에 관하여는 제32조에도 불구하고 종전의 「과학기술기본법」 또는 관계 법령에 따른다."고 규정하여 행위시법 적용 원칙을 확인하고 있다.

그런데, 제재처분에 있어 법령 불소급 원칙을 적용하는 이유는 법령의 소급 적용으로 개인의 권리·자유에 부당한 침해를 가하여 법률생활의 안정을 위협할 수 있기 때문이다. 그러나 법령을 소급 적용하더라도 일반 국민의 이해에 직접 관계가 없는 경우, 오히려 그 이익을 증진하는 경우, 불이익이나 고통을 제거하는 경우 등의 특별한 사정이 있는 경우에는 예외적으로 법령의 소급 적용이 허용된다. 특히, 법령이 단순한 정책 변경에 따라 개정된 것이 아니라 개정 전의 구 법령에 위헌적 요소가 있어서 이를 해소하려는 반성적 고려에서 개정된 것이고 그 개정을 통하여 개정 전의 구 법령보다 행정 상대방의 법적 지위를 유리하게 하는 데 그 입법 취지가 있다면, 법원은 마찬가지의 이유에서 예외적으로 위헌성이 제거된 개정 법령을 소급 적용하는 것이 타당한 경우가 있다.[4]

2) 국가연구개발혁신법상 제척기간의 소급적용

국가연구개발사업 참여제한처분 및 제재부가금처분은 행정상 제재일 뿐 국가의 형벌권 행사는 아니라고 하더라도 개인의 권리를 제한

---

4   대법원 2020두49850 판결.

하는 침익적 행정행위이다. 입법자가 행정법규의 위반이나 행정법상의 의무 불이행에 관하여 행정상 제재처분에 관한 규정을 두면서 그 제척기간을 규정하지 않는 경우에는 실권의 법리, 신뢰보호의 원칙 등 행정법의 일반원칙에 의하여 행정청의 제재권이 제한될 수 있기는 하지만, 그것은 엄격한 요건하에 법원에 의하여 선언될 수 있을 뿐이고, 다른 한편 행정청이 영원히 제재처분을 할 수 있다는 해석도 가능하여, 제재처분 대상자의 법적 지위가 지나치게 불안하게 되어 법적 안정성을 심히 해친다. 입법자는 그와 같은 법적 안정성과 개인의 신뢰보호 등을 위하여 제재처분을 규정할 때에는 제척기간에 관한 규정도 함께 두는 것이 바람직하다.

이러한 점을 고려하면, 구 과학기술기본법이 국가연구개발사업 참여제한처분 규정을 두면서도 그 제척기간에 관한 규정을 두지 않은 것이 법적 안정성과 개인의 신뢰를 침해하는 측면이 있는 것이므로, **국가연구개발혁신법이 제척기간 규정을 마련한 것은 이를 해소하려는 반성적인 고려**에서 마련되었다고 할 수 있다. 따라서 **구 과학기술기본법을 적용하여 제재처분을 하는 경우에 국가연구개발혁신법의 제척기간 규정을 소급적용 한다고 하더라도 소급입법금지의 원칙에 위반된다고 할 수 없다.**

오히려 제척기간을 소급적용하지 않는 것은 동일한 위반행위를 한 사람을 그 위반행위가 이루어진 시점이라는 우연한 사정을 이유로 합

리적인 이유 없이 다르게 취급하는 것으로서 형평의 원칙에 반한다고 할 수 있다.[5]

다. 제척기간의 적용대상

국가연구개발혁신법은 참여제한과 제재부가금에 관하여만 명시적으로 제척기간을 두고 있어 판례는 환수처분에 대하여는 제척기간이 적용되지 않는다고 해석한다.[6] **환수처분의 경우 연구비 용도 외 사용에 대한 부당이득반환 내지 원상회복의 성질을 가지므로 제척기간이 아닌**

---

5   서울행정법원 2023구합50868 판결.
6   구 과학기술기본법은 제11조의2 제1항 제5호의 사유가 발생한 경우 중앙행정기관의 장은 사업비 환수처분을 할 수 있고, 사업비 환수처분에 관하여는 구 과학기술기본법은 물론, 국가연구개발혁신법에도 따로 제척기간이 규정되어 있지 않다. 원고는 「국가연구개발혁신법 제재처분 가이드라인」에서 제재처분은 침익적 처분임을 감안하여 제척기간에 관한 국가연구개발혁신법 제32조 제5항을 소급적용할 수 있도록 안내하고 있다고 주장한다. 그러나 위 가이드라인은 과학기술정보통신부 등이 내부적으로 업무를 처리하는 데 있어 일종의 내부 지침에 불과하여 대외적인 구속력이 없을 뿐 아니라, 위 가이드라인에 의하더라도 제척기간에 관한 규정 소급적용은 제재처분에 한정되고 제재처분이 아닌 이 사건 처분에는 적용되지 않는다. 즉, 국가연구개발혁신법 제32조는 제1항 각 호에 해당하는 경우 참여제한처분 또는 제재부가금 부과처분을 할 수 있다고 하면서 제3항에서 "중앙행정기관의 장은 제1항 및 제2항에 따른 제재처분과 별도로 이미 지급한 연구개발비 중 제재사유와 관련된 연구개발비를 환수할 수 있다."라고 하여 **제재처분과 환수처분을 명백히 구분**하고 있는바, "제1항에 따른 제재처분은 그 제재사유가 발생한 연구개발과제의 종료일 또는 그 제재사유가 발생한 국가연구개발활동의 종료일부터 10년이 지나면 할 수 없다."라고 한 제5항의 제척기간은 제재처분에 관한 것일 뿐이다. 위 가이드라인 역시 "연구개발비 환수는 제재처분과 유사하지만 제재처분과 구별되는 별도의 처분"(갑 제10호증 제20쪽)이라고 명시하고 있다. 원고가 위 가이드라인에서 인용하는 **제척기간 규정 적용 부분은 모두 환수처분이 아닌 제재처분에 해당하는 내용이다**(서울고등법원 2023누54213 판결).

소멸시효가 적용된다. 따라서 환수채권은 국가재정법상 5년의 소멸시효가 적용되고 그 기산점은 환수사유가 발생한 때라고 할 것이다.

그러나 판례는 "피고(처분청)가 처분 상대방에게 사업비 환수처분을 한 후에야 비로소 처분 상대방에 대한 사업비 환수채권이 성립하고, 구 과학기술기본법 제11조의2 제1항 제5호에 따른 사업비 환수채권은 금전의 급부를 목적으로 하는 국가의 권리로서 국가재정법 제96조 제3항, 민법 제166조 제1항에 따라 '사업비 환수처분 시'로부터 소멸시효가 진행한다고 보아야 하며, 그 소멸시효기간은 국가재정법 제96조 제1항에 따라 5년이다."라고 판시하였다(서울고등법원 2023누54213 판결).

제척기간(혁신법 §32⑤)
- 제재처분권한을 발동할 수 있는 기간
- 적용대상: 참여제한처분, 제재부가금처분
- 기간: 연구과제 종료일 또는 연구개발활동의 종료일로부터 10년

소멸시효(국가재정법 §96①)
- 법률적 장애가 없음에도 금전채권을 행사하지 않는 경우 그 권리를 소멸시키는 제도
- 적용대상: 환수금 채권, 제재부가금 채권, 정산금 채권
- 기간: 권리를 행사할 수 있는 때부터 5년

제척기간과 소멸시효의 구분

III. 국가연구개발사업의 추진

1. 개설

　국가연구개발사업은 국가가 추진하는 사업을 민간이 수행하도록 하는 것으로 투명성과 공정성 보장을 위해 공모에 의해 경쟁방식으로 수행기관을 선정하는 것을 원칙으로 한다(혁신법 제9조 제4항). 공모에 응한 다수의 기관 중에서 관련 전문가들로 구성된 평가위원회를 거쳐 수행기관을 선정한다. 수행기관을 선정하면, 사업에 참여하는 각 이해관계자들의 권리·의무 등을 정하는 협약을 체결한다. 연구수행 과정과 결과는 단계평가 또는 최종평가를 거치게 되며 사업비 사용 내역은 사후적으로 정산을 통해 집행의 적정성을 검토하게 된다.

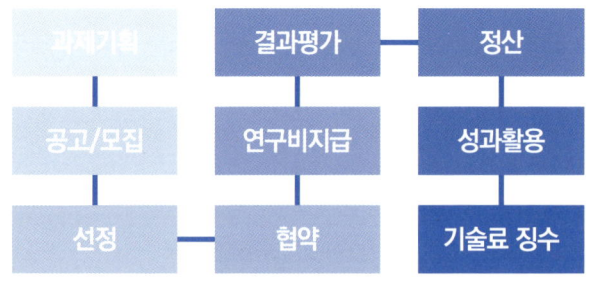

국가연구과제 추진 프로세스

2. 과제선정

가. 선정평가

연구과제 선정은 객관성과 공정성이 확보되어야 하므로 전문가들로 구성된 평가단을 구성하여 운영하도록 하고 있다(혁신법 제14조). 선정평가 시 일정한 경우 우대 또는 불리하게 대우할 수 있는데, 감점사유의 경우 신청인에게 불이익이 되는 사항이므로 법령에 미리 정하여 두는 것이 필요하다. 현행 혁신법 시행령은 ① **최근 3년 이내에 혁신법 제31조 제1항의 연구부정행위를 이유로 제재처분을 받거나** ② **최근 3년 이내에 정당한 사유 없이 연구개발과제 수행을 포기한 경우**를 감점사유로 정하고 있다(혁신법 시행령 제12조). 위 사유 이외에 임의로 감점사유를 추가할 수 없다.

나. 감점적용 시 3년의 소급 기산점

시행령은 감점사유에 해당하는 사유발생 시점을 "최근 3년 이내"라고 규정하고 있는데, 이러한 3년의 기산점에 대해서는 침묵하고 있다. 우선, 참여제한처분이 아직 종료되지 않은 경우에는 신청자격이 없으므로 '제재처분을 받았다'는 것은 참여제한기간이 만료한 것을 의미할 것이다. 그런데 "최근"이라는 용어는 어느 시점을 기준으로 소급하여 3년이 경과하였는지를 판단하라는 것인지 알 수 없다. 기산점으로 과제공고일, 접수마감일, 선정평가일 등을 고려해 볼 수 있다. 실무는 대부분 접수마감일을 기준으로 적용하고 있는 것으로 파악된다. 생각건대 **현행 감점사유는 이미 참여제한이라는 불이익을 받은 사람에게 동종의 유사한 불이익을 가하는 것으로서 사실상 참여제한의 연장이라는 결과를 초래하므로, 선정대상자에게 가장 유리한 선정평가일을 기준으로 하는 것이 타당하다.** 입법론으로는 참여제한 이력을 신규과제 선정평가 시 감점사유에서 삭제하거나 감점횟수를 제한하는 것이 바람직하다고 생각된다.

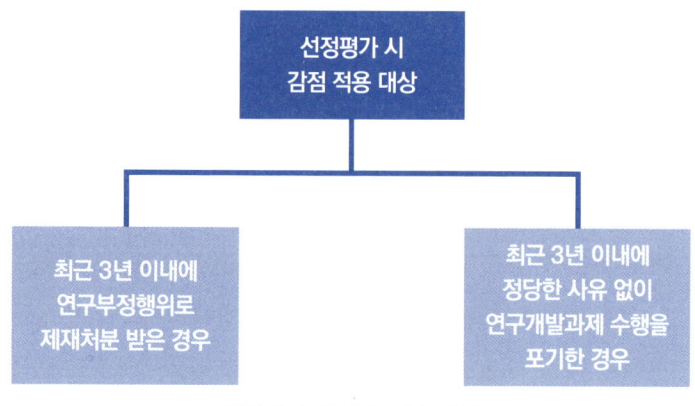

선정평가 시 감점 적용 대상

3. 선정결과에 대한 불복 방법

선정결과를 통보받은 자는 평가 결과를 통보받은 날로부터 10일 이내에 이의신청을 할 수 있다(혁신법 제14조 제6항). 선정평가에서 탈락시키는 행위는 행정소송법상 거부처분에 해당하므로 행정심판이나 행정소송을 통해 다툴 수 있다.[7]

한편, 국가연구과제 선정은 재량행위이므로 선정(또는 탈락) 행위가 위법하다고 하려면 ⅰ) 선정 절차가 관련 법령에 위반되었거나, ⅱ) 평가 방법이나 기준이 지나치게 합리성이 결여된 경우, 또는 ⅲ) 선정과정이 현저히 불합리하거나 부당하다는 등 재량권 일탈·남용이 인정되어야 한다.

---

7 인가·허가 등 수익적 행정처분을 신청한 여러 사람이 서로 경원관계에 있어서 한 사람에 대한 허가 등 처분이 다른 사람에 대한 불허가 등으로 귀결될 수밖에 없을 때 허가 등 처분을 받지 못한 사람은 신청에 대한 거부처분의 직접 상대방으로서 원칙적으로 자신에 대한 거부처분의 취소를 구할 원고적격이 있고, 취소판결이 확정되는 경우 판결의 직접적인 효과로 경원자에 대한 허가 등 처분이 취소되거나 효력이 소멸되는 것은 아니더라도 행정청은 취소판결의 기속력에 따라 판결에서 확인된 위법사유를 배제한 상태에서 취소판결의 원고와 경원자의 각 신청에 관하여 처분요건의 구비 여부와 우열을 다시 심사하여야 할 의무가 있으며, 재심사 결과 경원자에 대한 수익적 처분이 직권취소되고 취소판결의 원고에게 수익적 처분이 이루어질 가능성을 완전히 배제할 수는 없으므로, 특별한 사정이 없는 한 경원관계에서 허가 등 처분을 받지 못한 사람은 자신에 대한 거부처분의 취소를 구할 소의 이익이 있다(대법원 2013두27517 판결).

불복수단	불복기간	상대방	법적근거	심리 기관
이의신청	평가결과를 통보받은 날로부터 10일	처분청	혁신법 §14⑥	이의신청 검토위원회
행정심판	처분이 있음을 안 날로부터 90일 또는 처분이 있은 날로부터 180일 중 먼저 도래한 날	처분청	행정심판법 §27	행정심판 위원회
행정소송	처분이 있음을 안 날로부터 90일 또는 처분이 있은 날로부터 1년 중 먼저 도래한 날	처분청	행정소송법 §20	행정법원 지방법원 행정부

선정탈락 시 불복수단

Ⅳ. 국가연구개발사업과 협약

1. 협약의 의미와 적용 법률

국가연구개발사업은 본래 국가가 추진하는 사업이므로 타인에게 수행하도록 하려면 수행기관과의 계약체결이 필요하다.[8] 이러한 계약은 공법상 계약으로서 "협약"이라고 부른다.

혁신법은 협약서에 포함되어야 할 주요 내용과 협약 변경 등의 사항을 정하고 있다. **이러한 협약에는 국가기관과 사인 간 계약 체결에 관한 일반법인 국가계약법이 적용되지 않는다.** 왜냐하면 국가계약법은 국가나 공공기관이 운영에 필요한 재화나 서비스를 제공받고 그 대가를 지급하고 상정한 규율로서 계약의 공정성과 투명성을 확보하는 데 목적이 있다. 반면, 국가연구개발사업은 국가의 수요보다 과학기술발전을 위해 사인에게 반대급부 없이 연구개발비를 지원하는 것이므로 연구수행의 내용과 연구비 지출 등에 관한 권리의무 사항을 명확히 하는 데 목적이 있다. 따라서 국가연구과제 협약은 그 성질상 국가계약법과 다른 룰을 적용시킬 필요가 있는 것이다.

---

8 중앙행정기관은 특별한 사정이 없으면 선정평가 결과를 통보한 날로부터 30일 이내에 협약을 체결하여야 한다(혁신법 시행령 제13조 제2항).

2. 협약의 법적 성질

국가연구개발사업의 협약은 혁신법 제11조에 근거하여 체결되며, 공익적 목적을 위해 공적 재원을 투입하여 추진되는바, 협약의 효과는 단순히 계약당사자들의 경제적 이익 발생에 그치지 않고 공익 달성에도 영향을 미치는 점 등을 고려하면 **공법상 계약**의 성격을 가진다.

3. 협약의 구성

가. 당사자

협약의 당사자는 본래 중앙행정기관의 장과 연구개발기관이다. 그러나 실무적으로는 각 중앙행정기관은 법률에 근거하여 전문기관을 지정해 국가연구과제의 협약 체결 및 관리를 위임하고 있어, 중앙행정기관의 장이 아닌 전문기관이 협약의 당사자가 된다.[9] 이에 따라, 사업 종료 후 사업비 정산 등의 주체도 전문기관이 된다.

---

9 혁신법 제22조(전문기관의 지정 등) ① 중앙행정기관의 장은 소관 국가연구개발사업의 효율적인 추진을 위하여 제9조부터 제19조까지, 제21조, 제31조제3항, 제33조제1항, 제34조제2항에 따른 업무의 전부 또는 일부를 대행하는 기관을 전문기관으로 지정할 수 있다.

나. 주요내용

협약에는 연구개발 수행 계획과 연구비 사용 계획, 중앙행정기관의 권한·의무, 연구개발기관과 연구자의 권리·의무, 과제의 평가, 협약의 변경 및 해약에 관한 사항, 협약위반에 관한 조치 등의 내용이 포함된다(혁신법 제11조)[10]. 한편, 중앙행정기관은 연구개발비 관리를 위해 내부적으로 규칙이나 고시 형식의 사업비관리 규정들을 마련하고 있는데, 이러한 사업비관리 규정은 대외적 구속력이 없는 행정규칙의 성질을 가지므로, 중앙행정기관은 이러한 사업비 규정들을 계약내용

---

10 혁신법 제11조(연구개발과제 협약 등) ① 중앙행정기관의 장은 제10조에 따라 연구개발과제와 이를 수행하는 연구개발기관이 선정된 때에는 선정된 연구개발기관과 다음 각 호의 사항을 포함하는 협약을 체결하여야 한다. 이 경우 협약의 기간은 해당 연구개발과제의 전체 연구개발기간으로 한다.
   1. 연구개발과제 수행 계획(제13조에 따른 연구개발비의 사용에 대한 개괄적인 계획을 포함한다)
   2. 중앙행정기관의 권한 · 의무 및 연구개발과제에 참여하는 연구개발기관과 연구자의 권리 · 의무
   3. 연구개발과제의 수행에 관하여 이 법에서 정하는 사항
   4. 그 밖에 연구개발과제의 수행에 필요한 사항으로서 대통령령으로 정하는 사항
   ② 제1항에 따른 협약 당사자는 연구개발기관을 추가 · 변경하거나 연구책임자, 연구개발목표, 연구개발비, 연구개발기간 등 연구개발과제 수행에 관한 중요한 사항을 변경할 필요가 있을 때에는 대통령령으로 정하는 바에 따라 협의하여 해당 연구개발과제 협약의 내용을 변경할 수 있다.
   ③ 제2항에도 불구하고 협약의 내용 중 대통령령으로 정하는 경미한 사항은 협약 당사자 간의 통보로 해당 연구개발과제 협약이 변경된 것으로 본다.
   ④ 중앙행정기관의 장은 제12조제3항 또는 제15조제1항에 따라 연구개발과제가 중단된 때에는 해당 연구개발과제 협약을 해약하고 연구개발비 정산 등 필요한 조치를 하여야 한다.
   ⑤ 제1항부터 제4항까지의 규정에 따른 연구개발과제의 협약 체결 · 변경 · 해약의 절차 및 제4항에 따른 조치의 내용은 대통령령으로 정한다.

으로 편입시키기 위해 협약에 연구개발기관의 사업비관리 규정 준수 의무 조항을 두고 있다.

다. 사업비관리 규정과 상충되는 협약의 효력

1) 개설

협약서는 부동문자로 인쇄된 일종의 약관으로 협약서 본문의 내용은 미리 정해져 있다. 그러나 협약서에는 사업계획서를 비롯한 각종 서류들이 말미에 첨부되는데, 이러한 첨부서류 또한 협약의 내용으로 편입된다. 특히 협약의 핵심인 연구개발내용과 연구비 지출 계획은 연구개발기관이 제출한 사업계획서에 기재되므로 사업계획서 내용이 협약의 주요부라고 할 수 있다.

사업계획서의 기재 내용은 과제의 중복성 심사, 과제의 성공·실패 여부, 협약상 의무이행 여부 판단 시 중요한 기준이 된다. 그런데, 사업계획서에 기재된 사업비 집행 계획과 사업비관리 규정에 상충이 발생한 경우 어느 것을 우선하여야 하는지가 문제된다.

실제 사업비관리 규정은 내용이 방대하고 복잡하여 연구개발기관들이 그 내용을 모두 숙지하기 어려워 규정과 다르게 연구비 지출계획을 편성하여 집행하는 경우가 종종 발생한다. 전문기관은 이를 간과하고 협약을 체결한 후 사업종료 단계에서 사업비관리 규정 위반을 이유로 불인정 후 회수를 시도하게 된다. 이러한 경우 협약이 우선인지 사업비관리 규정이 우선인지 다툼이 발생한다. 이는 **법규명령 또는 행정규칙과 상충되는 공법상계약의 효력의 문제**로 귀결된다.

2) 이론

현행법상 법규명령 내지 행정규칙과 상충되는 공법상 계약의 효력에 관하여 정한 규정은 없는 것으로 보인다. 현재 학설로는 ⅰ) 행정작용이 법우위의 원칙을 위반하면 위법한 행정작용이 되는데, 위법한 행정작용의 효력은 행정의 행위형식에 따라 다르며, 위법한 공법상 계약은 원칙상 무효라는 견해,[11] ⅱ) 공법상 계약도 공행정작용이므로 법률의 우위의 원칙이 적용되므로 강행법규에 반하는 공법상 계약은 위법하다는 견해,[12] ⅲ) 문제된 법적 결과가 행정행위에 의하여 초래되는 것만을 금지하므로 공법상 계약 등 다른 행위형식을 통한 동일한 결과를 용인하는 것인지, 아니면 공법상 계약을 포함하여 모든 행위형식에 의해서라도 법 전체의 취지에서 볼 때 해당 법적 결과를 절대적으로 허용할 수 없다고 해석되는지에 따라 당해 공법상 계약의 무효 여부를 결정해야 한다는 견해[13] 등이 있다.

생각건대 문언상 의미가 명확한 공법상 계약 조항이 행정법규에 반할 경우 기속력이 없다는 이유만으로 곧바로 무효로 선언하는 것은

---

11 박균성, 김재광, 『경찰행정법입문[제8판]』, 박영사(2024년), 16면.
12 홍정선, 『기본경찰행정법』, 박영사(2013년), 238면.
13 김병기, 『쟁점 행정법특강』, 박영사(2023년), 243-244면.

법적안정성과 구체적 타당성에 반하므로, 그 효력을 무효화함에 있어서는 신뢰보호 원칙과 비례원칙을 고려하여, 다음 표에 열거된 사유에 한하여 무효로 선언하는 것이 타당하다 생각된다.[14]

1. 강행규정을 위반한 경우
2. 행정기본법 제8조 내지 제13조[15]를 위반한 경우
3. 「민법」에 따른 계약 무효 사유에 해당하는 경우
4. 처분에 갈음하는 공법상 계약의 경우에는 대체되는 행정처분에 무효사유가 있는 경우

---

14 한국외국어대학교 연구산학협력단, 행정기본법 주요 쟁점 중 공법상 계약 분야 조사·검토 연구, 제7면.

15 행정기본법 제8조 내지 제13조.
   제8조(법치행정의 원칙) 행정작용은 법률에 위반되어서는 아니 되며, 국민의 권리를 제한하거나 의무를 부과하는 경우와 그 밖에 국민생활에 중요한 영향을 미치는 경우에는 법률에 근거하여야 한다.
   제9조(평등의 원칙) 행정청은 합리적 이유 없이 국민을 차별하여서는 아니 된다.
   제10조(비례의 원칙) 행정작용은 다음 각 호의 원칙에 따라야 한다.
      1. 행정목적을 달성하는 데 유효하고 적절할 것
      2. 행정목적을 달성하는 데 필요한 최소한도에 그칠 것
      3. 행정작용으로 인한 국민의 이익 침해가 그 행정작용이 의도하는 공익보다 크지 아니할 것
   제11조(성실의무 및 권한남용금지의 원칙) ① 행정청은 법령등에 따른 의무를 성실히 수행하여야 한다.
      ② 행정청은 행정권한을 남용하거나 그 권한의 범위를 넘어서는 아니 된다.
   제12조(신뢰보호의 원칙) ① 행정청은 공익 또는 제3자의 이익을 현저히 해칠 우려가 있는 경우를 제외하고는 행정에 대한 국민의 정당하고 합리적인 신뢰를 보호하여야 한다.
      ② 행정청은 권한 행사의 기회가 있음에도 불구하고 장기간 권한을 행사하지 아니하여 국민이 그 권한이 행사되지 아니할 것으로 믿을 만한 정당한 사유가 있는 경우에는 그 권한을 행사해서는 아니 된다. 다만, 공익 또는 제3자의 이익을 현저히 해칠 우려가 있는 경우는 예외로 한다.
   제13조(부당결부금지의 원칙) 행정청은 행정작용을 할 때 상대방에게 해당 행정작용과 실질적인 관련이 없는 의무를 부과해서는 아니 된다.

3) 판례

전문기관이 산업부 고시인 「산업기술혁신사업 사업비 산정, 관리 및 사용, 정산에 관한 요령」과 상충되는 인건비를 계상한 사업계획서를 승인하여 협약한 후 수행기관이 동 사업계획서대로 인건비를 집행한 사안에서, 법원은 위 요령의 성격을 법규명령이라고 규정하고 국가연구과제 협약은 행정목적의 달성 내지 공공성 도모를 위해 체결되었음을 염두에 두면, 협약으로 사업비 요령에 반하는 내용을 정할 수 없고, 이와 저촉·배치되는 내용이 계약서에 있다 하더라도 그에 관한 범위 내에서는 일부 무효라고 선언하였다(서울고등법원 2024누3554 판결).

그러나 위 사업비 요령이 법규명령이라는 판단은 차치하고라도 법규명령 내지 행정규칙과 상충되는 공법상 계약의 효력을 판단함에 있어 공익과 사익의 비교형량을 전혀 적용하지 않았다는 점, 전문기관의 귀책사유를 전혀 고려하지 않은 채 수행기관의 부주의만을 내세워 계약의 효력을 무력화시켰다는 점에서 위 판례는 재고되어야 한다고 생각한다.

4. 다년간 협약과 법률의 개정

국가연구개발사업은 규모에 따라 연구개발에 수개월에게 수년이 소요될 수 있다. 장기간의 연구개발이 요구되는 경우 다년간 협약을 체결하게 되는데, 현행 국가연구개발혁신법은 협약기간이 10년을 초과할 수 없도록 제한하고 있다.

과거에는 다년도 과제의 경우 최초협약 이후 매년 연차협약을 체결하도록 하였는데, 혁신법은 연차협약제도를 폐지하고 전체 연구개발기간으로 정하여 1회 협약만 체결하도록 하였다.

다년간에 걸쳐 협약이 체결되어 연구개발이 이루어지는 사업의 경우, 중도에 관련 법령이나 규정이 개정되면 어느 법령을 적용할지 쟁점이 되기도 한다. 다년도 협약은 2년 이상의 연구기간이 소요되는 과제에서 연구주제와 예산 및 기간을 정하여 체결하되, 1년 단위로 설정된 회계연도 원칙상 연구비를 연차별로 책정하여 지급하고, 단계별 평가를 거쳐 과제의 중단 또는 계속 여부를 결정하기 위하여 최초 협약 체결 후 연차별로 연구비와 구체적 연구내역을 보충하여 협약을 체결하게 된다. 따라서 다년도 협약의 경우 최초 협약 체결 당시 연구개발과제와 총연구개발기간이 확정되므로, 연차별로 계속 협약을 체결하더라도, 그 전체를 하나의 협약으로 볼 것이어서 최초 협약 체결 당시 시행 중인 법령을 적용함이 타당하다.[16]

---

16 서울고등법원 2021누68201 판결.

5. 협약의 해약

가. 쟁점

협약의 해약은 협약의 일방당사자가 법령 또는 협약에 정해진 사유를 근거로 일방적으로 협약을 종료시키는 행위이다. 협약의 해약은 주로 문제과제가 발생하였을 때 전문기관에 의하여 이루어지는데, 이러한 협약 해약이 행정처분에 해당하는지 종종 다퉈진다. 협약해약의 처분성은 소송의 유형과 관련되는데 처분성이 인정될 경우 항고소송인 해약처분 취소·무효소송으로 다투어야 하고, 처분성이 부정되면 당사자소송인 해약무효소송을 제기하여야 한다.

나. 논의

행정청이 자신과 상대방 사이의 법률관계를 일방적인 의사표시로 종료시켰다고 하더라도 곧바로 의사표시가 행정청으로서 공권력을 행사하여 행하는 행정처분이라고 단정할 수는 없고, 관계 법령이 상대방의 법률관계에 관하여 구체적으로 어떻게 규정하고 있는지에 따라 의사표시가 항고소송의 대상이 되는 행정처분에 해당하는지 아니면 공법상 계약관계의 일방 당사자로서 대등한 지위에서 행하는 의사표시인지를 개별적으로 판단하여야 한다(대법원 2015두41449 판결).

행정청의 협약해약은 상대방에게 협약 당사자 지위의 박탈과 경우에 따라 사업비 반환이라는 법적 불이익을 발생시킨다. 그러나 **협약은 공법상 대등한 당사자 사이의 의사표시의 합치로 성립하는 공법상 계약이므로 해약 상대방에게 불이익한 효과가 발생한다는 것만으로는 행정처분이라 할 수 없고, 해약 및 불이익 부과의 근거가 법에 따른 것인지를 우선 살펴보아야** 한다.

이러한 견지에서 중소기업기술정보진흥원장이 갑 주식회사와 중소기업 정보화지원사업 지원대상인 사업의 지원에 관한 협약을 체결하였는데, 협약이 갑 회사에 책임이 있는 사업실패로 해지되었다는 이유로 협약에서 정한 대로 지급받은 정부지원금을 반환할 것을 통보한 사안에서, 중소기업 정보화지원사업에 따른 지원금 출연을 위하여 중소기업청장이 체결하는 협약은 공법상 대등한 당사자 사이의 의사표시의 합치로 성립하는 공법상 계약에 해당하는 점, 구 중소기업 기술혁신 촉진법(2010. 3. 31. 법률 제10220호로 개정되기 전의 것) 제32조 제1항은 제10조가 정한 기술혁신사업과 제11조가 정한 산학협력 지원사업에 관하여 출연한 사업비의 환수에 적용될 수 있을 뿐 이와 근거 규정을 달리하는 중소기업 정보화지원사업에 관하여 출연한 지원금에 대하여는 적용될 수 없고 달리 지원금 환수에 관한 구체적인 법령상 근거가 없는 점 등을 종합하면, 협약의 해지 및 그에 따른 환수통보는 공법상 계약에 따라 행정청이 대등한 당사자의 지위에서 하는 의사표시로 보아야 하고, 이를 행정청이 우월한 지위에서 행하는 공권력의 행사로서 행정처분에 해당한다고 볼 수는 없다고 판시한 사례[17]가 있다.

반면, 과학기술기본법 및 하위 시행령인 국가연구개발사업관리 등에 관한 규정에 따라 '주관연구기관의 중대한 협약 위반'으로 인하여 연구개발을 수행하기가 곤란한 경우에 해당함을 이유로 한 사업 협약의 해지 통보는 단순히 대등 당사자의 지위에서 형성된 공법상계약을 계약당사자의 지위에서 종료시키는 의사표시에 불과한 것이 아니라 행정청이 우월적 지위에서 연구개발비의 회수 및 관련자에 대한 국가연구개발사업 참여제한 등의 법률상 효과를 발생시키는 행정처분에 해당한다고 보았다.[18]

다. 사견

국가연구과제 협약은 공법상 계약으로서 협약의 해약은 연구과제 수행 도중 과제의 계속 수행이 곤란한 사유가 발생한 경우 계약당사자로서의 지위를 벗어나기 위한 행위인 점, 혁신법은 일정사유로 인하여 과제가 중단되는 경우 연구개발과제 협약을 해약하고 연구비를 정산하도록 하고 있을 뿐 해약의 절차에 대해서는 별도로 정하고 있지 않은 점, 연구자 또는 연구개발기관이 이 법 또는 협약에 따른 의

---

17 대법원 2015두41449 판결.
18 대법원 2012두28704 판결.

무를 고의로 이행하지 아니하여 연구개발과제가 변경 또는 중단된 경우를 별도의 제재사유로 정하고 있을 뿐(혁신법 제32조 제1항 제2호) 협약 해약이 참여제한 등 제재처분의 선행조건이 아닌 점[19] 등을 고려하면 일반적으로 중앙행정기관의 장의 협약 해약행위는 우월적 지위에서 행한 행정처분이 아니라고 생각된다.

---

19 반대로 참여제한이 확정된 경우 협약을 해약할 수 있다(혁신법 제11조 제4항, 제15조 제1항 제2호).

Ⅴ. 국가연구개발과제와 제재처분

1. 제재처분의 개요

가. 제재처분의 성질

제재처분은 법률에 근거하여 행정청이 우월한 지위에서 행하는 공권력의 행사로서 행정처분이다. 따라서, 행정심판법상 행정심판 대상이며 행정소송법상 항고소송인 취소·무효소송으로 다투어야 한다.

반면 정산금 회수 행위는 협약에서 정한 연구비 집행 기준 및 절차에 따라 불인정된 연구비 지출금의 반납을 구하는 것으로서, 대등한 당사자 지위에서 협약상 의무이행을 구하는 행위이므로 항고소송의 대상이 되는 행정처분에 해당되지 않는다.[20]

---

20 서울행정법원 2023구합60636 판결.

나. 구별개념

혁신법 적용대상이 아닌 사업에 있어 일정 위반 행위가 발생한 경우 국가연구개발사업의 규정을 준용하여 정부지원금 환수 및 사업 참여제한 등 제재조치를 할 수 있다는 내용의 조항을 사업운영지침으로 정하여 이를 적용하는 경우가 있다. 이러한 제재조치는 행정처분이 아니라, 협약에 따른 제재조치에 불과하므로 혁신법상 제재처분과 법적 성질이 다르다.

> **bIR&D 사업이 연구개발혁신법상 제재처분을 준용하는 경우의 법적성질 (서울행정법원 2023구합57920)**
>
> 계약당사자 사이에서 계약의 적정한 이행을 위하여 일정한 계약상 의무를 위반하는 경우 계약해지, 위약벌이나 손해배상액 약정, 장래 일정 기간의 거래제한 등의 제제조치를 약정하는 것은 상위법령과 법의 일반원칙에 위배되지 않는 범위에서 허용되며, **그러한 계약에 따른 제재조치는 법령에 근거한 공권력의 행사로서의 제재처분과는 법적 성질을 달리한다**. 그러나 공공기관의 어떤 제재조치가 계약에 따른 제재조치에 해당하려면 일정한 사유가 있을 때 그러한 제재조치를 할 수 있다는 점을 공공기관과 그 거래상대방이 미리 구체적으로 약정하였어야 한다.

다. 제재처분의 주체

혁신법은 연구과제를 발주한 중앙행정기관의 장에게 제재처분 권한을 부여하고 있다(혁신법 제31조 제1항). 따라서 각 부처별로 장관 또는 청장 명의로 제재처분이 이루어져야 하며 처분권자 아닌 자의 명의로 이루어진 처분은 하자가 중대명백하여 무효이다(서울행정법원 2019구합66484 판결 등).

라. 제재처분 업무의 대행

혁신법은 연구부정행위의 조사, 제재처분평가단의 운영, 제재부가금 및 환수금의 징수를 전문기관이 대행할 수 있도록 하고 있다(혁신법 제22조 제1항). 여기서 행정업무의 대행은 권한의 이전 없이 행정업무에 관한 사실행위만을 하는 것으로서 법적효과가 행정주체에 귀속되는 바, 수탁자가 자신의 명의로 권한을 행사하고 그 효과도 수탁자에게 귀속되는 위임·위탁과 구별된다.

위 조항을 근거로 대부분의 부처는 전문기관이 연구부정행위에 대한 조사 및 제재심의를 하되 제재처분은 행정청의 명의로 하고 있다.

한편, 제재처분 권한은 법률에 근거하여 전문기관에 위탁하는 것도 가능하다. 실제로 일부 부처의 경우 더 나아가 제재처분심의행위뿐만 아니라 제재처분권한까지 전문기관에 위탁하기도 한다. 일례로, 중소기업벤처부의 경우 중소기업 기술혁신 촉진법 제29조 제1항 및 동법 시행령 제19조 제3호[21]에 근거하여 제재처분 권한을 중소기업기술정보진흥원에 위임하여 중소벤처기업부장관이 아닌 중소기업기술정보진흥원장 명의로 제재처분을 하고 있다.[22]

마. 제재사유

제재처분은 침익적 행정행위로서 법률의 근거를 요한다(법률 유보의 원칙). 법률에 정하지 아니하는 사유로 제재처분을 하거나 법에서 정한 범위를 초과한 처분은 무효 또는 취소의 대상이 된다. 따라서, **법에 규정되지 아니한 사유를 제재사유로 추가하는 것은 허용되지 아니한다.**

다만, **법령에 없는 내용을 협약상 의무사항으로 규정하는 것은 허용되며, 해당 의무를 위반함으로써 연구과제의 수행이 불가하거나 목적 달성이 곤란하게 된 경우에는 혁신법 제32조 제1항 제2호의 제재사유에 해당할 수 있음을 유념하여야 한다.** 이 경우 의무사항은 연구과제 수행과

---

21 중소기술혁신법 제29조(업무의 위탁) ① 중소벤처기업부장관은 이 법에 따른 업무의 일부를 대통령령으로 정하는 바에 따라 기술진흥전문기관의 장에게 위탁할 수 있다.
중소기술혁신법 시행령 제19조(업무의 위탁) ① 중소벤처기업부장관은 법 제29조제1항에 따라 다음 각 호의 업무를 기술진흥전문기관의 장에게 위탁한다.
1. 법 제10조의2제1항에 따른 평가에 관한 업무
2. 법 제28조제1항에 따른 기술료의 징수에 관한 업무
3. 법 제31조제1항에 따른 기술혁신촉진지원사업에 대한 참여 제한에 관한 업무
4. 법 제32조제1항에 따른 출연금의 환수에 관한 업무
22 대전지방법원 2021구합 103166 판결, 서울행정법원 2021구합53924 판결 등 참조

직접관련성이 요구되며 연구과제 목적 달성에 필요한 것이어야 할 것이다.

혁신법은 다음 사유들이 발생한 경우 제재처분 할 수 있도록 하고 있다(혁신법 제32조 제1항).

법 제32조(부정행위 등에 대한 제재처분) ① 중앙행정기관의 장은 다음 각 호의 어느 하나에 해당하는 경우에는 해당 연구개발기관, 연구책임자, 연구자, 연구지원인력 또는 연구개발기관 소속 임직원에 대하여 10년 이내의 범위에서 국가연구개발활동(연구지원은 제외한다)에 대한 참여를 제한하거나 이미 지급한 정부 연구개발비의 5배의 범위에서 제재부가금을 부과할 수 있다.
1. 제12조제2항에 따른 평가 결과 연구개발과제의 수행과정과 결과가 극히 불량한 경우
2. 연구자 또는 연구개발기관이 이 법 또는 협약에 따른 의무를 고의로 이행하지 아니하여 제15조제1항에 따라 연구개발과제가 변경 또는 중단된 경우
3. 연구자 또는 연구개발기관이 제31조제1항 각 호의 어느 하나에 해당하는 부정행위를 한 경우
4. 연구자 또는 연구개발기관이 정당한 사유 없이 연구개발과제의 수행을 포기한 경우
5. 연구개발기관이 정당한 사유 없이 제18조제2항에 따른 기술료의 일부 또는 수익의 일부를 납부하지 아니한 경우
6. 연구개발기관이 정당한 사유 없이 제13조제7항에 따른 연구개발비 회수 금액을 납부하지 아니한 경우

② 제1항에 따른 참여제한처분이나 제재부가금 부과처분은 병과할 수 있다.
③ 중앙행정기관의 장은 제1항 및 제2항에 따른 제재처분과 별도로 이미 지급한 정부 연구개발비 중 제재사유와 관련된 연구개발비를 환수할 수 있다.
④ 중앙행정기관의 장은 제재처분을 하거나 연구개발비를 환수하는 때에는 제재사유의 중대성, 위반행위의 고의 유무, 위반 횟수, 연구개발과제의 수행 단계 및 진행 정도 등을 고려하여야 한다.

법 제31조(국가연구개발사업 관련 부정행위의 금지) ① 올바른 연구윤리 확보를 위하여 연구자 및 연구개발기관은 국가연구개발활동을 수행하는 경우 다음 각 호의 국가연구개발사업 관련 부정행위(이하 "부정행위"라 한다)를 하여서는 아니 된다.
1. 연구개발자료 또는 연구개발성과를 위조·변조·표절하거나 저자를 부당하게 표시하는 행위
2. 제13조제3항에 따른 연구개발비의 사용용도와 제13조제4항에 따른 연구개발비 사용 기준을 위반한 행위
3. 제16조제1항부터 제3항까지의 규정을 위반하여 연구개발성과를 소유하거나 제3자에게 소유하게 한 행위
4. 제21조제1항에 따른 보안대책을 위반하거나 제21조제2항에 따라 보안과제로 분류된 연구개발과제의 보안사항을 누설하거나 유출하는 행위

2. 연구비 용도 외 사용

가. 개설

연구비 용도 외 사용은 실무상 가장 빈도가 높은 제재사유로서, 구 과학기술기본법은 "연구개발비를 사용용도 외의 용도로 사용한 경우"라고 정하였으나, 혁신법은 "연구개발비의 사용 용도와 연구개발비 사용 기준을 위반한 행위"로 정의함으로써 용도 외 사용 요건을 다소 강화하였다.

국가연구과제 수행기관에 지급되는 연구비는 반대급부 없이 지원되는 대신 그 사용의 기준과 용도에 엄격한 제한을 두고 있다. 이는 공적자금인 출연금 지출의 적정성을 확보하기 위한 것이다. 연구비 용도 외 사용에 해당하면 중앙행정기관은 참여제한, 제재부가금은 물론 용도 외 사용액(정부지원개발비 비율에 한함)을 환수할 수 있다.

나. 연구비 사용용도와 사용기준

혁신법 시행령(대통령령 제35134호 기준, 이하 동일) [별표2]은 연구비 사용용도를 다음 표와 같이 13개 항목으로 정하고 있다.

직접비	가. 인건비 나. 학생인건비 다. 연구시설·장비비 라. 연구재료비 마. 위탁연구개발비 바. 국제공동연구개발비 사. 연구개발부담금 아. 연구활동비 자. 연구수당 차. 보안수당
간접비	가. 인력지원비 나. 연구지원비 다. 성과활용지원비

나아가, 혁신법의 하위 고시인 국가연구개발사업 연구개발비 사용기준(이하 "연구비 사용기준")에 연구비 계상기준을 상세히 정하여 연구수행기관이 연구비 계상 및 집행 시 준수하도록 하고 있다.

다. 연구비의 전용(轉用)

실무상 자주 등장하는 것이 실험용 재료 등 재료비를 지출한 것처럼 신고하고 실제로는 노트북 등 범용 전자제품 기기를 구입하거나 각종 비품을 구입하는 데 사용하는 경우이다. 이러한 행위가 이루어진 동기, 횟수, 총금액 등을 종합할 때, 일회성이 아닌 반복적이거나, 연구 관련성이 낮다고 판단될 경우 연구비 용도 외 사용으로 보아 제재처분을 할 수 있다.

법원도 기본적으로 "국가의 연구개발비 지원은 특정 연구과제 수행을 위한 것이지, 연구실의 일반 운영비를 지원하는 것이 아니기 때문에 연구개발비 지원 목적에 부합하는 적정한 예산 집행을 도모하기 위해 국가에서 지급한 연구개발비가 연구실의 일반 운영비 또는 사무비품 구입 목적으로 전용되는 것을 방지함으로써 연구개발비를 사용 용도 외의 용도로 사용한 경우를 엄격하게 제한하는 필요성과 합리성이 인정된다."는 입장이다.

라. 학생인건비 공동관리

1) 학생인건비의 정의와 특례

학생인건비란, 국가연구과제에 참여하는 학생연구자[23]에게 지급되는 인건비로서, 고급연구인력 양성을 통한 과학기술경쟁력을 확보하기 위하여 일반연구원의 인건비와 차별화된 기준을 적용한다.

대표적인 것이 학생인건비 통합관리 제도인데, 연구기관 또는 연구책임자 단위로 학생인건비 계정을 설정하여 해당 계정에서 학생인건

---

23 혁신법 시행령 [별표2]] 비고1
   "학생연구자"란 다음 각 목의 어느 하나에 해당하는 자를 말한다.
   가. 「고등교육법」 등 관련 법률에 따라 운영하는 전문학사학위과정·학사학위과정·석사학위과정·학석사통합과정·박사학위과정·석박사통합과정 중에 있는 학생 신분의 연구자
   나. 가목의 학생연구자가 현행 학위과정을 졸업하여 상위 학위과정 진학이 확정된 경우 상위 학위과정의 첫 학기 시작 전까지 현행 학위과정 중 수행한 연구개발과제를 계속해서 수행하는 자
   다. 가목 및 나목에도 불구하고 「학술진흥법」 제5조제1항에 따라 학술지원사업으로 추진하는 인문사회 분야 연구개발과제를 수행하는 연구자로서 과학기술정보통신부장관이 따로 정하는 사람

비를 지급한다. 통합관리는 연구과제별로 관리하는 통상의 인건비와 달리 연구책임자 별로 인건비가 통합되며 과제종료 시 미집행된 학생인건비 잔액은 반납되지 않고 추후 집행이 가능하여 학생인건비의 안정성과 집행효율성을 제고할 수 있다. 나아가 학위별 최소 인건비 기준금액을 정하여 연구책임자가 임의기준으로 인건비를 책정하는 것을 제한한다.

2) 학생인건비 공동관리

학생연구원은 학위취득이라는 목적을 위해 국가연구과제에 참여하게 되는데 연구현장에서 연구책임자가 우월적 지위에서 학생연구원의 인건비(학생연구원에게 지급되는 연구수당도 마찬가지이다)를 회수하여 본래의 용도와 다르게 관리·사용("학생인건비 공동관리")하는 사례가 다수 적발되어 왔다. 이에 대한 대처방안으로 연구비 사용기준은 학생인건비 공동관리를 금하는 명시적 규정을 두는 한편, 실무적으로도 통상의 연구비 용도 외 사용에 비하여 엄격하게 제재하고 있다.

참고로, 학생인건비 공동관리의 경우 혁신법에 따른 제재처분 외에도 사기죄로 형사처벌 받을 수 있으며, 교직원의 경우 중징계 사유에 해당한다.

학생인건비 공동관리와 형사책임

사기죄의 요건으로서의 기망은 널리 재산상의 거래관계에서 서로 지켜야 할 신의와 성실의 의무를 저버리는 적극적 또는 소극적 행위를 말하는 것으로서, 상대방을 착오에 빠지게 하여 행위자가 희망하는 재산적 처분행위를 하도록 하기 위한 판단의 기초 사실에 관한 것이어야 하고, 그중 소극적 행위로서의 부작위에 의한 기망은 일반거래의 경험칙상 상대방이 그 사실을 알았더라면 당해 법률행위를 하지 아니하였을 것이 명백한 경우에는 신의칙에 비추어 그 사실을 고지할 법률상 의무가 인정된다고 할 것이다. 나아가 사기죄는 보호법익인 재산권이 침해되었을 때 성립하는 범죄이므로, 사기죄의 기망행위라고 하려면 불법영득의 의사 내지 편취의 범의를 가지고 상대방을 기망한 것이어야 한다. 이러한 법리는 국가연구개발사업 등에 있어 연구책임자가 산학협력단으로부터 학생연구비의 사용 용도와 귀속 여부를 기망하여 편취하는 경우에도 마찬가지로 적용된다. 즉, **연구책임자가 처음부터 소속 학생연구원들에 대한 개별 지급의사 없이 공동관리계좌를 관리하면서 사실상 그 처분권을 가질 의도하에 이를 숨기고 산학협력단에 연구비를 신청하여 이를 지급받았다면 이는 산학협력단에 대한 관계에 있어 기망에 의한 편취행위에 해당한다.** 다만 연구책임자가 원래 용도에 부합하게 학생연구원들의 사실상 처분권 귀속하에 학생연구원들의 공동비용 충당 등을 위하여 학생연구원들의 자발적인 의사에 근거하여 공동관리계좌를 조성하고 실제로 그와 같이 운용한 경우라면, 비록 공동관리계좌의 조성 및 운영이 관련 법령이나 규정 등에 위반되더라도 그러한 사정만으로 불법영득의사가 추단되어 사기죄가 성립한다고 단정할 수 없다. 이 경우 사기죄 성립 여부는 공동관리계좌 개설의 경위, 실질적 관리 및 처분권의 귀속, 연구비가 온전히 법률상 귀속자인 학생연구원들의 공동비용을 위하여 사용되었는지 여부 등을 종합적으로 고려하여 판단하여야 한다(대법원 2021도8468 판결).

3) 학생인건비 공동관리의 유형

 인건비 공동관리의 태양을 유형화하면, ① 넓게는 허위연구원을 등록하거나 실제 참여율보다 부풀려 청구하여 초과 금원을 별도로 관리하는 경우(이하 "유형 1"), ② 연구책임자 등이 학생연구원의 인건비 통장을 회수, 점유하며 인건비를 관리하는 경우(이하 "유형 2"), ③ 학생연구원들로부터 일정 금액을 각출받아 연구책임자 등이 관리하는 별도의 통장이나 현금으로 보관, 관리하는 경우(이하 "유형 3"), ④ 학생연구원의 계좌에 금원을 그대로 둔 채 연구책임자 등의 지시에 따라 필요경비에 지출하는 경우(이하 "유형 4")로 나눌 수 있다.

 유형 1, 2가 연구비 용도 외 사용에 해당한다는 점에는 의문이 없으나, 유형 3, 4의 경우 항변의 소지가 존재한다. 왜냐하면, 유형 3, 4 중에는 연구책임자의 사적 사용보다 연구실 구성원에게 소요되는 경비(식비, 교통비, 등록금, 친목교류비 등) 마련의 목적인 경우가 많기 때문이다. 이러한 경우에도 연구책임자는 공동관리비용으로부터 취득한 이득이 없음에도 인건비 공동관리라는 이유만으로 참여제한은 물론 제재부가금과 공동관리금 상당액의 환수처분의 불이익을 받는 것이 합당한지 의문을 가질 수 있다.

학생인건비 공동관리의 유형

① 허위연구원을 등록하거나 실제 참여율보다 부풀려 청구하여 초과 금원을 조성하는 경우
② 연구책임자 등이 학생연구원의 통장을 회수, 점유하며 인건비를 지급받아 관리하는 경우
③ 학생연구원들로부터 일정 금액을 갹출받아 연구책임자 등이 관리하는 별도의 통장이나 현금으로 보관, 관리하는 경우
④ 학생연구원의 계좌에 금원을 그대로 둔 채 연구책임자 등의 지시에 따라 필요경비에 지출하는 경우

학생인건비 공동관리의 유형

4) 사법부의 기준

사법부는 대체로 "학생연구원에게 지급되는 인건비가 학생연구원 본인에게 바로 귀속되게 하여 그의 자유로운 처분의 대상이 되도록 하고 나아가 학생연구원의 생활을 보호하고자 함에 있으므로, 학생연구원에 대한 인건비는 학생연구원에게 직접 지급하는 것이 그 본래의 용도대로 사용하는 것에 해당한다. 따라서 **학생연구원들이 지급받은 학생인건비가 그들을 떠나 공동관리되는 순간 그 자체로 용도 외 사용 상태에 놓인다고 할 것이고, 사후적으로 인건비로서의 특정성이 상실된 공동자금에서 학생연구원들에 대한 인건비 등이 지급되었다고 하더라도 처음으로 돌아가 용도에 맞는 사용이 될 수는 없다.** 이와 같이 학생인건비를 회수하여 공동으로 관리하는 행위는 여하한 목적이나 형태로든 관련 법령상 명백히 금지되는 행위이다."라고 판시함으로써 공동관리금이 종국적으로 누구에게 귀속되었는지 여부와 관계없이 인건비가 일부 회수된 것만으로도 연구비 용도 외 사용에 해당한다고 보는 경향이 뚜렷하다.

다만, 공동관리금액의 비율, 관리자가 공동관리금을 개인적 용도로 사용하였는지, 연구책임자가 공동관리금의 집행에 관여한 정도 등을 고려하여 제재처분의 양정이 비례원칙에 부합하지 않다고 보아 결국 처분을 취소하기도 한다.

> **공익 침해정도와 제재처분으로 인한 불이익의 비교형량**
>
> 연구개발비는 과학기술발전을 위한 기반 조성, 과학기술 혁신, 국가경쟁력 강화 등에 이바지함을 목적으로 지급된 것이므로 그 지급 목적과 용도에 따라 적정하게 지출되도록 할 공익이 크다.
>
> 참여제한처분은 역량 있는 주관연구기관 또는 연구책임자를 일정 기간 국가연구개발사업에서 배제하는 것으로서, 이의 적극적 활용이 오히려 위법의 궁극적인 목적을 저해할 우려도 있으므로 참여제한 여부 및 그 기간 등을 정함에 있어서 행정청의 신중한 판단이 요구된다.
>
> **연구책임자가 공동관리한 학생인건비의 액수와 비중, 위 학생인건비의 관리행위에 구체적으로 개입한 정도, 위 학생인건비를 집행한 절차의 투명성, 위 학생인건비의 실제 사용처 등의 제반 사정을 두루 고려하여 공동관리행위에 대한 책임의 수위를 결정할 필요가 있다.**

연구비 용도 외 사용에 대한 제재처분과 비례원칙

마. 연구비 부정사용과 구상 청구

1) 부정행위자와 환수처분 상대방의 불일치 발생

연구자가 연구비를 용도 외로 사용한 것이 확인된 경우, 참여제한이나 제재부가금과 별도로 용도 외 사용금액에 대하여 환수처분을 할 수 있다(혁신법 제32조 제3항). 환수처분의 상대방이 누구인지가 문제되는데 혁신법 시행령은 중앙행정기관의 장은 연구개발기관이 사용용도와 사용기준을 위반하여 연구개발비를 사용한 경우 "해당 연구개발기관을 대상으로" 법 제32조제3항에 따라 정부지원연구개발비 중 사용용도와 사용기준을 위반하여 사용한 정부지원연구개발비 금액만큼 환수할 수 있다고 정하고 있다. 즉 부정행위를 한 연구자가 아닌 협약 상대방인 연구개발기관에 대하여 환수처분이 내려진다. 따라서, 연구개발기관과 연구자 사이에 환수금의 구상 문제가 발생할 수 있다.

2) 구상의 법적근거

연구개발기관이 부정행위자인 연구자에게 환수금 상당액을 구상하는 법적근거는 통상 채무불이행 내지 불법행위책임에서 찾을 수 있다. 연구자의 부정행위는 근로자 또는 교원으로서 소속기관과 체결한 계약 및 복무규정에 따라 성실하게 연구를 수행하고 연구비를 연구목적에 부합하게 사용하여야 할 의무를 위반한 것에 해당되고, 나아가 민법상 불법행위에 해당한다고 평가할 수 있다.

3. 협약상 의무 불이행

가. 개념

혁신법은 "연구자 또는 연구개발기관이 이 법 또는 협약에 따른 의무를 고의로 이행하지 아니하여 제15조제1항에 따라 연구개발과제가 변경 또는 중단된 경우"를 제재사유로 신설하였다(혁신법 제32조 제1항 제2호). 구 과학기술기본법의 포괄적 제재사유이던 "그 밖에 국가연구개발사업을 수행하기 부적합한 경우로서 협약 규정을 위반한 경우"를 구체화하고 고의성을 추가함으로써 제재사유를 명확히 한 것으로 해석된다.

국가연구과제는 공적자금이 투입되는 사업으로 연구개발사업에 참여하는 연구자와 연구개발기관이 법률과 협약에 따른 의무를 성실히 이행하도록 하는 책임성을 강화하는 취지이다.

나. 구체적 사례

- 위탁연구기관이 위탁받은 내용을 직접 수행하지 않고 용역 등의 방식으로 사실상 재위탁 하는 경우
- 협약 내용인 민간부담금을 납입하지 아니하거나 현물을 제공하지 아니한 경우

- 계속 과제에 있어 계속 판정 후 협약체결에 필요한 서류를 제출하지 아니한 경우
- 연구비 관리용 별도 계좌가 아닌 회사 운영비 계좌로 연구비를 관리한 경우
- 위탁연구기관의 연구개발비 사용 등을 관리·감독할 책임이 있음에도 불구하고, 주관기관이 이를 해태하여 위탁연구기관이 연구개발비 전액을 용도 외로 사용하는 것을 방지하지 못한 경우

4. 거짓 기타 부정한 방법으로 연구개발과제를 신청하거나 이를 수행하는 경우

가. 개념

'거짓이나 그 밖의 부정한 방법'이란 정상적인 절차에 의하면 협약을 체결하거나 수행할 수 없음에도 사회통념상 부정이라고 인정되는 행위로서 협약체결 및 사업비 집행에 관한 의사결정에 영향을 미친 위계나 기타 적극적 및 소극적 행위를 뜻한다.

국가연구개발사업 선정 과정에 부정한 방법을 사용한 이상 그 부정한 방법이 선정 여부에 직접적인 영향을 미쳤는지 여부는 제재사유에 해당하는지 판단함에 있어 고려할 사항이 아니다.[24]

---

24 구 과학기술기본법 제11조의2 제1항 제7호는 '거짓이나 그 밖의 부정한 방법으로 연구개발을 수행한 경우'라고 규정하여 부정한 방법으로 인한 결과의 발생을 요구하고 있지 않은 점, 위와 같은 경우에 참여제한 등의 제재를 가하는 것은 국가의 예산이 투여되는 국가연구개발사업을 투명하고 공정하게 추진하고 효율적으로 관리하기 위한 것으로서 부정한 방법의 사용과 연구개발사업자로 선정되는 것 사이에 반드시 인과관계가 인정되는 경우에만 제재를 가할 수 있다고 보는 것은 위 규정을 둔 취지에 반하는 점 등에 비추어 보면, 국가연구개발사업 선정 과정에 부정한 방법을 사용한 이상 그 부정한 방법이 선정 여부에 직접적인 영향을 미쳤는지 여부는 구 과학기술기본법 제11조의2 제1항 제7호 위반 여부를 판단함에 있어 고려할 사항이 아니라고 할 것이다(서울행정법원 2020구합78506 판결).

나. 구체적인 사례

- 이미 다른 국가연구과제를 100% 참여율로 수행중임에도 이러한 사실을 숨기고 국가연구과제를 신청하여 수행하는 경우(서울행정법원 2020구합78506 판결)
- 허위의 연차보고서를 작성하여 제출하거나 허위 연구증빙자료를 제출한 경우(서울행정법원 2020구합80042 판결)
- 중복과제를 신청한 경우[25](대전지방법원 2015구합102407 판결, 서울행정법원 2023구합80999 판결)
- 국가연구과제 참여제한처분을 받은 자가 효력정지 기간이 만료하

---

25 원고들은 이 사건 사업 시행계획 공고를 확인하여 선행과제와 중복적인 과제로 이 사건 사업에 참여할 수 없다는 점을 충분히 인식하였고, 비록 원고들 입장에서는 과제의 중복 여부는 정성적 판단의 영역이므로 선행과제와 비교하였을 때 이 사건 과제에 기술적 차성이 있다고 주장할 여지가 있다 하여도, 앞서 본 바와 같이 개발목표·개발방법·개발내용 등의 항목에서 상당 부분 유사한 측면이 있어 중복 과제로 판정받을 가능성 역시 배제할 수 없었음에도 불구하고, 선행협약 체결 및 선행과제의 수행에 관한 사항을 전혀 고지하지 않은 채 이 사건 과제에 관한 사업계획서를 제출하고, 이를 토대로 이 사건 협약을 체결하여 과제 중단 통보를 받기 전까지 이 사건과제에 관한 업무 수행을 시작하고 사업비 일부를 수령하는 단계로 나아가게 하였다. 이는 중소기업기술정보진흥원의 협약 체결 및 사업비 집행 등 과제 지원에 관한 의사결정에 영향을 미칠 수 있는 거짓을 수반한 부정행위로서 구 과학기술기본법 제11조의2 제1항 제7호나 국가연구개발혁신법 제32조 제1항 제3호, 제31조 제1항 제5호에서 규정한 제재처분 사유인 '거짓이나 그 밖의 부정한 방법으로 연구개발과제를 수행한 경우'에 해당한다고 볼 수 있다. 또한, 이는 중복적인 과제를 수행할 수 없다는 '이 사건 협약에 따른 의무를 고의로 이행하지 아니하여 연구개발과제의 중단을 초래한 경우' 내지 '그 밖에 국가연구개발사업을 수행하기 부적합한 경우로서 협약의 규정을 위반한 경우'로서 구 과학기술기본법 제11조의2 제1항 제8호나 국가연구개발혁신법 제32조 제1항 제2호에서 규정한 제재처분 사유에도 해당한다(서울고등법원 2024누41894 판결).

였음에도 이를 숨기고 국가연구과제를 신청하여 수행하는 경우(서울행정법원 2021구합84270 판결)
- 연구책임자의 학력, 이력을 허위로 기재한 경우
- 실제 소속 근로자가 아닌 사람을 연구책임자로 지정하여 연구개발과제를 신청한 경우(서울행정법원 2017구합65852 판결)

5. 제재처분의 종류와 양정

가. 참여제한

1) 개념

혁신법상 참여제한은 국가연구개발활동 중 연구지원을 제외한 모든 활동에 참여를 제한하는 처분을 말한다. 따라서 참여제한처분을 받을 경우 국가연구개발사업의 수행은 물론 다음의 각 행위에서 배제된다(혁신법 제2조 제8호).

가. 국가연구개발사업의 추진을 위한 연구개발 관련 수요조사에 수요를 제출하는 행위
나. 국가연구개발사업의 추진 및 연구개발과제의 발굴을 위한 사전 기획에 참여하는 행위
다. 국가연구개발사업의 연구개발과제 및 연구개발기관을 선정하기 위한 공모에 연구개발과제의 수행을 신청하는 행위
라. 연구개발과제의 원활한 수행 및 관리를 위하여 소관 중앙행정기관의 장이 구성하여 운영하는 평가단, 위원회, 심의위원회 등에 참여하거나 활동하는 행위

2) 참여제한기간의 상한

혁신법상 참여제한기간의 상한은 10년이다.

구 국가연구개발사업의 관리 등에 관한 규정은 "둘 이상의 연구개발과제를 수행하던 중 하나의 연구개발과제로 인하여 참여제한을 받은 자에 대하여 다른 하나의 연구개발과제로 인하여 다시 참여제한을 하는 경우 그 참여제한 기간의 기산일은 진행 중인 참여제한 기간이 끝나는 날의 다음 날로 한다."고 정하여 복수 개의 처분을 이어 붙이기 방식으로 처분함으로써 사실상 참여제한 기간의 상한이 없었다. 그로 인하여 1건의 연구과제를 수행하면서 2,000만 원의 연구비를 사적으로 사용한 사람보다 3건의 연구과제를 수행하면서 2,000만 원을 연구 간접경비에 사용한 사람이 훨씬 긴 기간의 참여제한을 받게 되는 불합리한 현상이 발생하였다.

이에 혁신법은 위 이어 붙이기 조항을 폐기하고 "둘 이상의 위반행위가 서로 다른 연구개발과제에서 발생한 경우에는 연구개발과제별로 각각 발생한 위반행위에 대하여 가목 및 나목의 가중·감경기준을 적용한 후 산출된 참여제한기간을 모두 합산한다. 이 경우 합산하여 정하는 참여제한기간은 10년을 한도로 한다."고 정함으로써 이러한 불합리를 시정하였다(혁신법 시행령 [별표6] 제1호 다목).

3) 혁신법 시행령 [별표6] 참여제한처분기준의 개별기준표의 법적의미

혁신법 시행령은 다음 표와 같이 제재사유별로 참여제한기간의 기준을 제시하고 있다. 그런데 유형별 참여제한기간을 제시함에 있어 일부 사유의 경우는 "3년 이내"라고 정하여 상한을 명시한 반면 대부분의 사유에 대해서는 "5년", "3년", "2년"과 같이 고정 기간으로 정하고 있다.

위반행위	근거 법조문	참여제한기간
1) 법 제12조제2항에 따른 평가 결과 연구개발과제의 수행과정과 결과가 극히 불량한 경우	법 제32조 제1항제1호	2년
2) 연구개발기관이 정당한 사유 없이 법 제13조제7항에 따른 연구개발비 회수 금액을 납부하지 않은 경우	법 제32조 제1항제6호	연구개발비 회수 금액을 납부할 때까지
3) 연구자 또는 연구개발기관이 법 또는 협약에 따른 의무를 고의로 이행하지 않아 법 제15조제1항에 따라 연구개발과제가 변경 또는 중단된 경우	법 제32조 제1항제2호	2년
4) 연구개발기관이 정당한 사유 없이 법 제18조제2항에 따른 기술료의 일부 또는 수익의 일부를 납부하지 않은 경우	법 제32조 제1항제5호	기술료의 일부 또는 수익의 일부를 납부할 때까지
5) 연구자 또는 연구개발기관이 법 제31조제1항 각 호의 어느 하나에 해당하는 부정행위를 한 경우	법 제32조 제1항제3호	3년 이내
가) 연구개발자료 또는 연구개발성과를 위조·변조·표절하거나 저자를 부당하게 표시하는 행위를 한 경우		

나) 법 제16조제1항부터 제3항까지의 규정을 위반하여 연구개발성과를 소유하거나 제3자에게 소유하게 한 행위를 한 경우		3년
다) 법 제21조제1항에 따른 보안대책을 위반한 경우		2년
라) 법 제21조제2항에 따라 보안과제로 분류된 연구개발과제의 보안사항을 국내에 누설하거나 유출하는 행위를 한 경우		2년
마) 법 제21조제2항에 따라 보안과제로 분류된 연구개발과제의 보안사항을 국외에 누설하거나 유출하는 행위를 한 경우	법 제32조 제1항제3호	5년
바) 거짓이나 그 밖의 부정한 방법으로 연구개발과제를 신청하거나 수행하는 행위를 한 경우		2년
사) 그 밖에 국가연구개발활동의 건전성을 저해하는 행위로서 제56조제1항 각 호의 어느 하나에 해당하는 행위를 한 경우. 다만, 제56조제1항제3호 및 제4호의 행위는 금고 이상의 형이 확정된 경우로 한정한다.		2년

6) 연구자 또는 연구개발기관이 정당한 사유 없이 연구개발과제의 수행을 포기한 경우	법 제32조 제1항제4호	2년

그러나 혁신법상 위임규정의 내용과 취지, 헌법상의 과잉금지의 원칙과 평등의 원칙 등에 비추어 보면, **같은 유형의 위반행위라 하더라도 그 규모나 기간·사회적 비난 정도·위반행위로 인하여 다른 법률에 의하여 처벌받은 다른 사정·행위자의 개인적 사정 및 위반행위로 얻은 불법이익의 규모 등 여러 요소를 종합적으로 고려하여 사안에 따라 적정한 참여제한기간을 정할 필요성이 크다.**[26] 따라서 위 개별기준 표의 참여제한기간은 '~이내'라는 문구가 없더라도 최고한도를 규정한 것이라고 해석함이 타당하다.

위와 같은 형식의 제재기간 설정은 제재처분 실무자들에게 상한으로 인식되지 않아 재량권 행사를 저해하여 처분기간 설정의 경직성을 초래하게 된다. 따라서, 개별기준표상 참여제한기간이 상한임을 명시하는 것이 필요하다고 생각된다.

26　대법원 2021두45909 판결.

4) 참여제한 기간의 가중·감경

혁신법 시행령은 위반행위의 유형과 위법성 정도에 따라 상기 3)항과 같이 참여제한 기간의 상한을 정하고 있다. 그런데, 여기에 그치지 않고 하기 박스의 경우에는 10년의 한도 내에서 1/2 범위 내에서 가중할 수 있도록 하고 있다. 다만, 제재사유가 연구비 회수금 미반납이나 기술료 미납부인 경우에는 적용되지 아니한다.

> 1) 법 제32조제1항제3호에 따른 위반행위로서 법 제31조제1항제2호에 해당하는 부정행위 중 학생인건비 또는 학생연구자에게 지급하는 인건비·연구수당의 사용용도와 사용기준을 위반한 경우
> 2) 참여제한 기간이 종료된 날부터 5년 이내에 같은 위반행위로 참여제한 처분을 받는 경우. 이 경우 기간의 계산은 다시 같은 위반행위를 하여 적발된 날을 기준으로 한다.
> 3) 하나의 연구개발과제에서 발생한 위반행위가 둘 이상인 경우. 이 경우 제2호의 개별기준에 따른 참여제한 기간 중 가장 긴 기간을 기준으로 한다.
> 4) 그 밖에 위반행위의 정도, 위반행위의 동기와 그 결과 등을 고려하여 가중할 필요가 있다고 인정되는 경우

3)과 관련하여, 하나의 연구개발과제에서 발생한 위반행위가 둘 이상인 경우란, 기초적 사실관계가 다른 둘 이상의 위반행위를 한 경우를 의미하는 것이므로 처분의 법적 근거 조항이 둘 이상인 경우와 구별하여야 한다.

예를 들어, 위탁기관이 스스로 과제를 수행하지 않고 임의로 제3자에게 과제수행을 재위탁하다가 과제가 중단된 경우 처분의 법적 근거는 ⅰ)거짓이나 그 밖의 부정한 방법으로 연구과제를 수행하는 경우(혁신법 제31조제1항제5호)에 해당되고 나아가 ⅱ) 협약상 의무를 고의로 불이행하여 과제가 중단된 경우(혁신법 제32조 제1항 제2호)에 해당할 수 있다. 그러나, 이는 하나의 위반행위가 동시에 2가지의 법 규정에 해당하는 것이지 둘 이상의 위반행위를 한 것이 아니다.

반면, 중복과제를 수행하면서 연구비를 용도 외로 집행하였다면 중복과제 수행이라는 위반행위(혁신법 제31조제1항제5호)와 연구비 용도 외 사용(혁신법 제31조제1항제2호)이라는 기초적 사실관계가 다른 두 가지의 위반행위를 한 것이므로 가중대상이 될 수 있다.

5) 참여제한 기간의 합산

연구개발기관이 두 개 이상의 연구과제를 수행하는 과정에서 각 연구과제마다 위반행위가 발생한 경우에는 연구개발과제별로 위 3)항 및 4)항의 기준에 따라 참여제한 기간을 산정한 후 합산한다. **이 경우 합산기간은 10년을 넘지 못한다.**

나. 제재부가금

1) 개념

제재부가금이란, 행정법상 위반행위에 대하여 부과하는 금전적 제재처분으로서 위법행위에 대한 실질적 억지력을 확보하고 공공재정의 건전성을 확보하기 위한 목적을 가지고 있다. 혁신법은 기지급한 정부 연구개발비의 5배 이내에서 제재부가금을 부과할 수 있도록 하고 있으며, 참여제한과 병과할 수 있다(혁신법 제32조 제1항, 제2항).

2) 제재부가금 처분 사유의 확대

국가연구개발사업과 관련하여 출연금의 유용행위에 대하여 참여제한 조치만으로는 억지력이 약하다는 지적에 따라 2011년 산업기술혁신촉진법에서 처음 도입되었고 제재부가금을 부과할 수 있는 사유도 출연금을 용도 외로 사용한 경우에 한정되었다. 이후 2014년에 과학기술기본법이 국가연구개발사업에 있어 동일한 위반행위에 대하여 동일한 규율을 적용하기 위하여 제재부가금 조항을 신설하였다.

혁신법은 위 과학기술기본법을 이어받으면서 제재부가금 부과 사유를 대폭 확대하여 모든 제재사유에 대하여 제재부가금을 부과할 수 있도록 하고 있다. 그러나 제재부가금의 본래 취지와 행정벌적 성격을 고려하면, 재정건전성과 직접 관련이 없는 위반행위에까지 제재부가금을 부과하는 것은 연구의욕의 저하 우려와 과잉제재라는 비판을 발생시킬 수 있다.

3) 제재부가금의 제척기간과 소멸시효

구 과학기술기본법은 제재처분에 관한 제척기간을 정하고 있지 않아 법적안정성을 해한다는 비판을 받아왔다. 이에 혁신법은 제재처분에 대한 제척기간을 규정하여 그 제재사유가 발생한 연구개발과제의 종료일 또는 그 제재사유가 발생한 국가연구개발활동의 종료일부터 10년이 지나면 제재를 할 수 없도록 하고 있다(혁신법 제32조 제5항).

이러한 제척기간과 구별되어야 할 개념이 제재부가금 채권의 소멸시효이다. 소멸시효는 이미 발생한 제재부가금 채권을 징수할 수 있는 기한을 의미하는데, 제재부가금은 국가의 금전채권이므로 국가재정법에 따라 제재부가금의 납부기한이 도래한 날로부터 5년간 행사하지 아니하면 시효로 소멸한다.

4) 혁신법 시행령 [별표7] 제재부가금 처분기준의 개별기준표의 법적의미

혁신법 시행령 [별표7]은 위반행위의 유형 및 부과대상자에 따라 제재부가금 부과율을 정하여 두고 있다.

그런데, 제재부가금 부과율 산정에 있어 같은 위반사유라도 연구기관에 부과하는 비율이 연구책임자 등 개별행위자보다 훨씬 중하다. 그러나 제재부가금의 도입 취지에 비추어 위반행위의 태양, 귀책사유의 비중, 연구기관의 관여 정도 등에 따라 부과대상자 및 그 비율을 정하는 것이 책임원칙과 비례원칙에 부합한다. 따라서 동일한 위법사유에 대하여 무조건 연구기관을 행위자보다 중하게 처분하는 방식은 지양되어야 한다.

나아가, 위 개별기준표에 명시된 제재부가금 부과율은 앞서 참여제한기간에 관한 [별표6]의 법적 의미에서 설명한 바와 마찬가지로 모법의 위임규정의 내용과 취지 및 헌법상의 과잉금지의 원칙과 평등의 원칙 등에 비추어 같은 유형의 위반행위라 하더라도 그 규모나 기간, 사회적 비난 정도, 위반행위로 인하여 다른 법률에 의하여 처벌받은 다른 사정, 행위자의 개인적 사정 및 위반행위로 얻은 불법이익의 규모 등 여러 요소를 종합적으로 고려하여 사안에 따라 적정한 제재부가금의 액수를 정하여야 할 것이므로 그 기간 또는 부과율은 고정된 것이 아니라 최고한도를 정한 것으로 봄이 타당하다.

제재처분 기준표의 법적 의미

○ 대법원 99두5207 판결

구 청소년보호법(1999. 2. 5. 법률 제5817호로 개정되기 전의 것) 제49조 제1항, 제2항에 따른 같은 법 시행령(1999. 6. 30. 대통령령 제16461호로 개정되기 전의 것) **제40조 [별표 6]의 위반행위의 종별에 따른 과징금 처분기준**은 법규명령이기는 하나 모법의 위임규정의 내용과 취지 및 헌법상의 과잉금지의 원칙과 평등의 원칙 등에 비추어 **같은 유형의 위반행위라 하더라도 그 규모나 기간·사회적 비난 정도·위반행위로 인하여 다른 법률에 의하여 처벌받은 다른 사정·행위자의 개인적 사정 및 위반행위로 얻은 불법이익의 규모 등 여러 요소를 종합적으로 고려하여 사안에 따라 적정한 과징금의 액수를 정하여야 할 것이므로 그 수액은 정액이 아니라 최고한도액**이다.

○ 대법원 2021두45909 판결

그 위임을 받은 **구「국가연구개발사업의 관리 등에 관한 규정」**(2019. 3. 19. 대통령령 제29615호로 개정되기 전의 것) 제27조 제1항 [별표 4의 2] 제2호 나.목 2)의 라)(이하 '이 사건 별표'라 한다)는 '연구개발비를 사용용도 외의 용도로 사용한 경우로서 사용용도 외 사용금액에 학생인건비가 포함된 경우'(이하 '학생인건비를 용도 외로 사용한 경우'라 한다)의 국가연구개발사업 참여제한기간을 위반횟수에 따라 1회 '5년', 2회 '7년 6개월', 3회 이상 '10년'으로 정하고 있다.

이 사건 별표가 법규명령이기는 하나, 모법의 위임규정의 내용과 취지 및 헌법상의 과잉금지의 원칙과 평등의 원칙 등에 비추어보면, **학생인건비를**

> 용도 외로 사용한 경우에도 그 규모나 기간, 사회적 비난 정도, 행위자의 개인적 사정 및 위반행위로 얻은 이익의 규모 등 여러 요소를 종합적으로 고려하여 구체적인 사안에 따라 적정한 참여제한기간을 정하여야 할 것이다. 따라서 이 사건 별표에서 정한 참여제한기간은 확정적인 것이 아니라 상한이라고 보는 것이 타당하다.

5) 제재부가금의 가중·감경

혁신법 시행령은 위반행위의 유형과 위법성 정도에 따라 상기 4)항과 같이 제재부가금의 상한을 정하고 있다. 나아가 하기 박스의 경우에는 정부지원연구개발비의 5배를 한도로 1/2 범위에서 제재부가금액을 가중할 수 있도록 하고 있다.

1) 법 제32조제1항제3호에 따른 위반행위로서 법 제31조제1항제2호에 해당하는 부정행위 중 학생인건비 또는 학생연구자에게 지급하는 인건비·연구수당의 사용용도와 사용기준을 위반한 경우
2) 하나의 연구개발과제에서 발생한 위반행위가 둘 이상인 경우. 이 경우 제2호의 개별기준에 따른 제재부가금 부과액 중 가장 큰 제재부가금 부과액을 기준으로 한다.
3) 그 밖에 위반행위의 정도, 위반행위의 동기와 그 결과 등을 고려하여 가중할 필요가 있다고 인정되는 경우

다. 환수처분

1) 개념

혁신법은 참여제한 및 제재부가금과 별도로 이미 지급한 정부 연구개발비 중 제재사유와 관련된 연구개발비를 환수할 수 있다고 규정하고 있다(혁신법 제32조 3항). 관련하여, 혁신법 시행령은 위반행위 중 "연구개발기관이 사용용도와 사용기준을 위반하여 연구개발비를 사용한 경우"만을 환수사유로 정하고 있다(혁신법 시행령 제59조 제3항).

혁신법이 행정법상 의무위반에 대한 금전적 제재 수단인 제재부가금을 규정하고 있음에도 별도로 환수처분을 두고 있는 것은 환수처분이 본래 목적에 반하는 용도 외 사용분에 대한 부당이득반환청구의 성질을 가지는 것으로서 제재부가금과 그 목적과 성격이 다르기 때문이다.

2) 환수금 채권의 소멸시효

환수처분에 따른 사업비 환수채권은 금전의 급부를 목적으로 하는 국가의 권리로서 5년간 행사하지 않으면 시효로 소멸한다. 소멸시효는 권리를 행사할 수 있는 때로부터 진행되며(국가재정법 제96조 제3항, 민법 제166조 제1항), 그 소멸시효기간은 5년(국가재정법 제96조 제1항)이다. 환수금 처분이 부당이득반환청구의 성질을 가지는 것을 고려하면, 환수금 채권의 소멸시효는 환수사유가 발생하였을 때, 즉 용도 외 사용이 발생한 때부터 기산된다고 해석된다.[27]

---

27   국가연구개발사업 제재처분가이드라인(2024년), 제47면.

6. 제재처분과 비례원칙

비례의 원칙이란 어떤 행정목적을 달성하기 위한 수단은 그 목적달성에 유효·적절하고 또한 가능한 한 최소침해를 가져오는 것이어야 하며 아울러 그 수단의 도입으로 인한 침해가 의도하는 공익을 능가하여서는 아니 된다는 헌법상의 원칙으로서 과잉금지의 원칙이라고도 한다.[28]

이러한 비례원칙을 준수하지 아니한 제재처분은 위법하게 된다. 혁신법은 제재처분 시 행정청이 준수하여야 할 비례원칙과 관련하여 중앙행정기관의 장은 제재처분을 하거나 연구개발비를 환수하는 때에는 제재사유의 중대성, 위반행위의 고의 유무, 위반 횟수, 연구개발과제의 수행 단계 및 진행 정도 등을 고려하여야 한다고 규정하고 있다(혁신법 제32조 제4항).

국가연구개발사업의 연구개발비는 궁극적으로 과학기술발전을 위한 기반을 조성하여 과학기술을 혁신하고 국가경쟁력을 강화함으로써 국민경제의 발전을 도모하며 나아가 국민의 삶의 질을 높이고 인류사회의 발전에 이바지함을 목적으로 하는 것으로서, 그 지급 목적과 용도에 따라 적정하게 지출하여야 할 필요가 크다. 그러나 참여제

---

28   대법원 96누10096 판결 등.

한처분, 연구비 환수처분 또는 제재부가금 부과처분은 사실상 역량 있는 주관연구기관 또는 연구책임자를 구분하지 아니한 채 일정 기간 국가연구개발사업에서 일괄 배제하고 그로부터 연구에 사용한 연구비를 환수하는 것으로서, 이의 적극적 활용이 오히려 과학기술기본법의 궁극적인 목적을 저해할 우려도 있으므로, 참여제한 여부 및 그 기간, 연구비 환수 여부, 제재부가금 부과 여부 및 그 범위 등을 정함에 있어서 행정청의 신중한 판단이 요구된다.[29]

제재적 행정처분이 재량권의 범위를 일탈하였거나 남용하였는지 여부는 처분사유로 된 위반행위의 내용과 그 위반의 정도, 당해 처분에 의하여 달성하려는 공익상의 필요와 개인이 입게 될 불이익 및 이에 따르는 제반 사정 등을 객관적으로 심리하여 공익침해의 정도와 그 처분으로 인하여 개인이 입게 될 불이익을 비교, 교량하여 판단하여야 한다(대법원 2004두3854 판결 등).

---

29 대법원 2018두56237 판결 등.

비례원칙 위반을 이유로 제재처분이 취소된 사례

대법원 2018두56237 판결

[사실관계]
교육부장관이 학술진흥법에 따라 한국연구재단에 위임하여 추진하는 학술지원사업 대상자로 선정된 갑 대학교 소속 을 교수 연구실의 학생연구원들이 위 사업 연구과제에 참여하여 학위과정별로 일정한 인건비를 지급받고 이를 초과하여 지급받은 금액은 공동관리계좌로 이체하여 연구실의 공동경비로 사용한 것을 이유로 사업비 환수처분 및 3년간의 학술지원대상자선정 제외처분을 한 사안

[판시]
이 사건에서 공동관리된 돈은 대부분 형식적으로는 해당 사업 연구에 참여하지 아니하나 실질적으로는 참여하는 학생연구원의 인건비나 등록금, 회식비용, 소속 학생연구원들의 학술대회 참가비용, 연구실의 통상의 운영경비 등 연구실 소속 전체 학생들을 위하여 사용되었고, 원고가 이 사건 공동관리계좌 운영을 통하여 학생인건비를 유용하는 등 개인적 용도로 사용한 흔적은 보이지 않는 점, 이 사건 공동관리계좌 운영 기준이 나름대로 객관화되어 있고 교수인 원고가 자의적인 기준으로 운영한 것이 아닌 점, 이 사건 사업의 총 학생인건비의 규모와 그중 공동관리계좌를 통해 운영된 금액의 비율 등을 종합해 보면, 이 사건 공동관리계좌의 운영에 의하여 훈령 및 각 학술지원사업의 운영지침에서 학생인건비의 공동관리를 금지하는 공익 목적을 침해하는 정도나 그 위법성의 정도가 높다고 보기는 어렵다.

원고가 이 사건 사업에 책임연구원으로 참여하면서 기존부터 운영되어 오던 이 사건 공동관리계좌 운영을 용인하고 그 집행내역을 사후적으로 보고받았을 뿐 그 구체적 관리·운영에 적극적으로 관여하지는 않은 점, 학생

연구원들이 이 사건 공동관리계좌 운영에 관하여 원고에게 이의를 제기한 적도 없는 점, 이 사건 감사 이후 공동관리한 돈을 모두 학생들에게 반환하여 이 사건 연구실에서 학생인건비의 공동관리계좌 운영이 이미 중단된 점 등을 종합해 보면, 이 사건 공동관리계좌 운영에 관한 원고에 대한 개인적 비난 가능성도 크다고 보기 어렵다.

위와 같은 위법성 및 비난가능성의 정도와 자연과학 분야의 연구발전 속도를 고려하면, 아무런 개인적 이익을 취득하지 아니한 원고에 대하여 이 사건 공동관리계좌 운영금액 전액에 대한 환수처분을 함과 아울러 학술진흥법 및 동법 시행령에서 사업비를 의도적으로 부정 집행한 경우의 상한으로 정한 3년의 제외처분을 하는 것은 원고에게 지나치게 가혹하다.

인천지방법원 2021구합52936 판결

원고는, 이 사건 어린이집이 '2018년도 보조교사 지원 계획 공고'일이 속한 월의 전월 말일로부터 2년 이내인 2017. 2. 3. 별건 재환수처분을 받았다는 이유로 이 사건 처분을 받았다. 그런데 별건 재환수처분은 2014. 3. 11.부터 2014. 6. 30.까지 이루어진 별건 처분사유에 대한 것으로서, 이 사건 선행소송을 통해 별건 환수처분이 취소됨에 따라 2017. 2. 3. 다시 이루어진 처분이다. 결국 피고가 2015. 5. 14.경 별건 처분사유에 관하여 하자 없는 환수처분을 하였다면, 원고는 별건 처분사유에 관한 환수처분으로 인하여 2018년도 보조교사 인건비 지원 제외대상에 해당하지 않았을 것이 명백하다. 별건 환수처분이 취소되고 별건 재환수처분이 이루어진 경위에 비추어 볼 때, B이 정당하게 별건 환수처분의 하자를 다투었음에도, 그로 인하여 별건 처분사유가 있었던 날로부터 4년 이상 지난 2018. 10.부터 2019. 2.까지의 보조교사 인건비를 지원받지 못하는 불이익을 받게 하는 것은 별건 처분사유에 나타난 원고의 위반행위 내용에 비하여 지나치게 과중하다.

VI. 기속력과 재처분

1. 기속력

    행정소송법 제30조 제1항은 "처분 등을 취소하는 확정판결은 그 사건에 관하여 당사자인 행정청과 그 밖의 관계행정청을 기속한다."라고 규정하고 있다. 이를 기속력이라 하는데, 당사자인 행정청과 관계행정청에 대하여 판결의 취지에 따라야 할 실체법상의 의무를 발생시키는 효력이다.[30] 기속력은 처분등을 취소(무효, 부작위위법확인)하는 경우에만 발생한다.

---

30 홍정선, 행정법원론(상), 1151쪽.

2. 문제점

기속력에 따르면 판결로서 처분의 위법사유가 확인되면, 행정청은 '동일한 사유로 취소된 처분과 동일한 처분'을 할 수 없다. 이는 반대로 해석하면 제재처분이 위법하다는 이유로 취소되더라도 현행법상 행정청은 그 위법사유를 배제하고 재처분할 수 있다는 것을 의미한다. 예를 들면, 참여제한기간의 양정이 재량권 일탈·남용하여 위법하여 취소된 경우라면 행정청은 기간을 줄여 다시 참여제한처분을 할 수 있으며 실무적으로 빈번히 발생한다. 심지어 양정을 줄인 재처분이 취소되면 재재처분을 하기도 한다. 이러한 재처분은 처분의 상대방이 취소소송을 제기한 효과를 사실상 무색하게 만들며 행정청의 양정에 있어 신중한 재량권 행사를 할 필요성을 반감시킨다.

이에 더하여 사법부는 "어떤 행정처분을 위법하다고 판단하여 취소하는 판결이 확정되면 행정청은 취소판결의 기속력에 따라 그 판결에서 확인된 위법사유를 배제한 상태에서 다시 처분을 하거나 그 밖에 위법한 결과를 제거하는 조치를 할 의무가 있다."는 대법원 판결[31]을 근거로 이러한 재처분에 전혀 제동을 걸지 않고 있다.[32] 그러나 행정소송법 제30조 제2항은 "판결에 의하여 취소되는 처분이 당

---

31   대법원 2013두27517 판결, 대법원 2019두57404 판결 등.
32   서울고등법원 2021누51616 판결, 서울행정법원 2023구합83554 판결 등.

사자의 신청을 거부하는 것을 내용으로 하는 경우에는 그 처분을 행한 행정청은 판결의 취지에 따라 다시 이전의 신청에 대한 처분을 하여야 한다."고 규정하여 거부처분의 경우에 한하여만 재처분 의무를 부과하고 있다. 재처분 의무는 거부처분 또는 수익적 행정행위에 대한 취소나 절차 위반을 이유로 취소된 경우에 한하여 논의되는 것이지 침익적 행정처분이 취소된 경우에도 재처분 의무가 발생하는 것은 아니다.

3. 사견

참여제한처분은 학문의 자유와 직업의 자유를 제한하는 중대한 불이익 처분이다. 형사사건의 경우 기본적 사실관계가 동일한 사건에 대하여 재기소하는 것을 금지하는 헌법 정신에 따라 양정만 변경하여 재처분하는 것을 입법적으로 제한할 필요가 있다.

특히, 혁신법령상 위반행위자가 참여제한기간이 종료된 날부터 5년 이내에 같은 위반행위를 한 것이 적발되어 참여제한처분을 받는 경우 개별기준에 따른 참여제한기간의 2분의 1 범위에서 가중할 수 있으며, 제재처분을 받은 이력은 선정평가 시 감점사유로도 작용하는 점 등을 고려하면 더욱 그러하다.

VII. 연구개발 중단조치

1. 연구개발 중단조치의 의미

혁신법은 일정 사유가 발생할 경우 중앙행정기관의 장은 연구개발과제의 변경 및 중단 여부를 결정하기 위한 평가(이하 "특별평가")를 거쳐 해당 연구개발과제의 연구개발 목표, 연구책임자 등을 변경하거나 해당 연구개발과제를 중단할 수 있도록 하고 있다. 이 경우 특별평가의 실시를 통보받은 연구개발기관은 평가의 대상이 되는 연구개발과제에 대하여 그 결과가 확정되기 전까지 연구개발비를 추가적으로 집행하지 못한다(혁신법 제15조 제1항).

이러한 연구개발 중단조치는 행정청이 최종적으로 협약의 해약 여부를 결정하기 전까지 일단 주관연구기관의 연구개발과 연구비 사용을 중지시킴으로써 연구비 환수 등 해약에 따른 후속 조치의 실효성을 확보하기 위한 잠정적·임시적인 조치이다.[33]

---

33 대법원 2015두264 판결.

2. 중단조치 사유

중앙행정기관의 장이 연구개발 중단조치를 할 수 있는 사유는 다음과 같다.

1. 연구개발과제의 수행 과정에서 제31조제1항에 따른 국가연구개발사업 관련 부정행위가 발생한 경우
2. 제32조 및 제33조에 따라 연구책임자의 국가연구개발활동에 대한 참여제한이 확정된 경우
3. 연구개발 환경이 변경되어 연구개발과제를 계속하여 수행하는 것이 불필요하다고 판단되는 경우
4. 중앙행정기관의 장이 제2항에 따른 요청[34]을 인정한 경우
5. 연구개발과제를 수행하는 연구자 또는 연구개발기관이 이 법 또는 협약에 따른 의무를 이행하지 아니하거나 연구개발과제를 계속하여 수행하는 것이 불가능하다고 인정되는 경우
6. 그 밖에 연구개발과제의 변경 및 중단이 필요한 경우로서 대통령령으로 정하는 경우

---

34 혁신법 제15조 ② 연구개발기관 또는 연구책임자는 다음 각 호의 어느 하나에 해당하는 경우에는 해당 연구개발과제의 연구개발 목표 또는 연구책임자 등의 변경을 요청하거나 연구개발과제의 중단을 요청할 수 있다.
   1. 연구개발 환경이 변경되었거나 연구개발과제 목표를 조기에 달성하여 연구개발과제를 계속하여 수행하는 것이 필요하지 아니하다고 판단되는 경우
   2. 연구개발과제를 계속하여 수행하는 것이 불가능하다고 판단되는 경우

3. 연구개발 중단조치의 처분성

　행정청의 어떤 행위가 항고소송의 대상이 될 수 있는지의 문제는 추상적·일반적으로 결정할 수 없고, 구체적인 경우 행정처분은 행정청이 공권력의 주체로서 행하는 구체적 사실에 관한 법집행으로서 국민의 권리·의무에 직접적으로 영향을 미치는 행위라는 점을 염두에 두고, 관련 법령의 내용과 취지, 그 행위의 주체·내용·형식·절차, 그 행위와 상대방 등 이해관계인이 입는 불이익과의 실질적 견련성, 그리고 법치행정의 원리와 해당 행위에 관련한 행정청 및 이해관계인의 태도 등을 참작하여 개별적으로 결정하여야 한다.[35]

　연구개발 중단조치는 상대방에게 연구개발을 중단하고 기지급된 연구비를 더 이상 사용하지 말아야 할 공법상 의무를 부과하는 것이고, 연구개발 중단조치는 협약의 해약 요건에도 해당하며, 이러한 조치가 있은 후에는 주관연구기관이 연구개발을 계속하더라도 그에 사용된 연구비는 환수 또는 반환 대상이 되므로, 이 사건 각 조치는 원고들의 권리·의무에 직접적인 영향을 미치는 행위로서 항고소송의 대상이 되는 행정처분에 해당한다.[36]

35　대법원 2005두4397 판결, 대법원 2008두167 전원합의체 판결 등.
36　대법원 2015두264 판결.

VIII. 연구비 정산

1. 개설

　국가연구개발사업은 공공의 이익 달성을 목적으로 국가 예산을 주된 재원으로 추진되는바, 연구비가 연구개발 목적에 맞게 투명하게 사용되도록 관리하여야 한다. 이에 혁신법 및 그 하위법령은 연구비의 사용용도와 사용기준을 정하고 연구개발을 수행하는 기관이 이를 준수하도록 협약에 그 내용을 편입시켜 연구비 부정사용을 방지하고 있다.

2. 관련 규정

혁신법은 연구개발기관으로 하여금 매년 중앙행정기관의 장에게 해당 연도 연구개발비의 사용내역을 보고하도록 하고, 중앙행정기관의 장은 연구개발과제의 각 단계가 종료된 날부터 3개월 이내에 연구개발비 정산을 실시하도록 하면서, 구체적인 정산기준 및 절차를 하위 규정에 위임하고 있다(법 제13조 제7항 및 8항). 연구비 사용용도과 기준은 대표적으로 과기부 고시인 국가연구개발사업 연구개발비 사용 기준(이하. '연구비 사용기준')에 상세히 설명되어 있다. 이러한 정산에 관한 하위 규정들은 법규성이 없는 행정규칙의 성격이 강하므로 협약 체결 시 위 법령 및 사업비 정산에 관한 하위 규칙들을 계약의 내용으로 편입시킴으로써 계약상대방에게도 그 효력이 미치도록 하고 있다.

3. 연구비 정산의 법적 성질

중앙행정기관(그 위임을 받은 전문기관)의 정산 통보는 우월적 지위에서 일방적으로 행하는 공권력의 행사가 아니라, 계약관계의 일방 당사자로서 대등한 지위에서 그 계약에 근거하여 행하는 의사표시이다.

즉, 제재조치로서 국가연구개발사업의 참여를 제한하고 이미 출연하거나 보조한 사업비를 환수하는 환수처분과 달리, 연구과제를 수행하는 기관과 전문기관 사이에 체결되는 협약에 따라 전문기관이 회계전문기관에 의뢰하여 사후 점검한 후 정부출연금 중 협약에 위반하여 지출된 금액이 발견된 경우 그와 같이 위반하여 집행된 금액을 부당이득으로 반환할 것을 통보하는 내용의 사업비정산 행위에 불과하다.[37]

---

37   대전고등법원 2016누12996 판결 등.

4. 구별개념

연구비 정산에 따른 회수조치와 구별해야 하는 개념은 연구비 용도 외 사용으로 인한 제재처분인 환수처분과 제재부가금의 부과이다. 이러한 제재처분은 협약이 아닌 법률에 근거하여 행정청이 우월한 지위에서 일방적으로 행하는 공권력의 행사이다. 양자의 구별 실익은 강제징수 방법의 차이와 불복절차의 차이에 있다.

5. 정산금 채권의 소멸시효

정산금은 금전의 급부를 목적으로 하는 국가의 권리이므로 다른 법률에 규정이 없는 한[38] 5년의 소멸시효가 적용된다(국가재정법 제96조 제1항). 다만, 판결 등을 통해 확정되면 정산금 채권의 소멸시효는 10년으로 연장된다(민법 제165조).

---

38 여기서 다른 법률의 규정이라 함은 5년의 소멸시효기간보다 짧은 기간의 소멸시효 규정이 있는 경우를 가리키는 것으로 5년보다 긴 소멸시효를 규정하고 있는 것은 해당하지 않는다(대법원 2000다57856 판결).

6. 강제징수 방법

회수금 채권은 당사자소송을 통해 집행권원을 확보하여 압류·추심 등 절차를 거쳐 강제집행을 실행할 수 있다. 한편, 중앙행정기관의 장은 연구개발기관이 연구비 정산 결과 반납해야 할 금액을 임의 지급하지 아니할 경우 회수금을 납부할 때까지 국가연구개발사업에 참여 제한을 함으로써 지급을 간접적으로 강제할 수 있다(법 제32조 제1항 제6호, 법 시행령 [별표6]).

반면 환수금과 제재부가금을 납부하지 아니할 경우 혁신법 제34조 제2항 및 제3항에 따라 독촉절차를 거쳐 국세 체납처분의 예에 따라 징수하게 된다.[39]

---

39 국세 강제징수 절차는 공법관계에 따른 우월적 지위에서 행하는 것이므로 민사집행 절차와 달리 집행권원과 법원의 압류·추심명령을 요하지 않는다.

7. 불복절차

연구개발기관의 장은 연구비 정산통보를 받은 날로부터 1개월 이내에 중앙행정기관의 장에게 1회에 한하여 이의신청 할 수 있다(연구비 사용기준 제84조 제1항).

중앙행정기관(그 위임을 받은 전문기관)의 정산 통보는 우월적 지위에서 일방적으로 행하는 공권력의 행사가 아니라, 계약관계의 일방당사자로서 대등한 지위에서 그 계약에 근거하여 행하는 의사표시이므로 정산통보의 상대방은 이에 대해 행정심판이나 항고소송으로 다툴 수 없고, 공법상 계약에 관한 정산금 채무의 존부에 관한 확인을 구하는 공법상 당사자소송을 제기하여야 한다. 이 경우 소제기는 민사소송 아닌 행정소송으로 제기하여야 하고, 위반 시 전속관할 위반으로 상고사유가 된다.

정산소송의 전속관할

공법상 당사자소송이란 행정청의 처분 등을 원인으로 하는 법률관계에 관한 소송 그 밖에 공법상의 법률관계에 관한 소송으로서 그 법률관계의 한쪽 당사자를 피고로 하는 소송을 말한다(행정소송법 제3조 제2호). 공법상 계약이란 공법적 효과의 발생을 목적으로 하여 대등한 당사자 사이의 의사표시 합치로 성립하는 공법행위를 말한다. 어떠한 계약이 공법상 계약에 해당하는지는 계약이 공행정 활동의 수행 과정에서 체결된 것인지, 계약이 관계 법령에서 규정하고 있는 공법상 의무 등의 이행을 위해 체결된 것인지, 계약 체결에 계약 당사자의 이익만이 아니라 공공의 이익 또한 고려된 것인지 또는 계약 체결의 효과가 공공의 이익에도 미치는지, 관계 법령에서의 규정 내지 그 해석 등을 통해 공공의 이익을 이유로 한 계약의 변경이 가능한지, 계약이 당사자들에게 부여한 권리와 의무 및 그 밖의 계약 내용 등을 종합적으로 고려하여 판단하여야 한다. 공법상 계약의 한쪽 당사자가 다른 당사자를 상대로 그 이행을 청구하는 소송 또는 이행의무의 존부에 관한 확인을 구하는 소송은 공법상 법률관계에 관한 분쟁이므로 분쟁의 실질이 공법상 권리·의무의 존부·범위에 관한 다툼이 아니라 손해배상액의 구체적인 산정 방법·금액에 국한되는 등의 특별한 사정이 없는 한 공법상 당사자소송으로 제기하여야 한다. (중략) 행정소송으로 제기하여야 할 사건을 민사소송으로 잘못 제기한 경우, 수소법원으로서는 만약 그 행정소송에 대한 관할도 동시에 가지고 있다면 이를 행정소송으로 심리·판단하여야 하고, 그 행정소송에 대한 관할을 가지고 있지 아니하다면 관할법원에 이송하여야 한다(대법원 2021다250025 판결 등).

회수

- 근거 : 혁신법혁신법 §13⑦, 협약
- 성질 : 협약당사자로서 권리 행사
- 사유 : 협약상 의무(연구개발비 사용기준 준수)
- 불복절차 : 이의신청, 당사자소송
- 강제징수 : 민사집행법

환수

- 근거 : 혁신법 §32③
- 성질 : 제재처분에 유사한 처분
- 사유 : 연구비 용도 외 사용
- 불복절차 : 이의신청, 행정심판, 항고소송
- 강제징수 : 국세체납처분의 예에 따름§34②

회수와 환수의 구별

IX. 국가연구과제 성과물의 권리 귀속관계[40]

1. 연구개발성과의 정의

연구개발성과란 연구개발과제의 수행과정에서 또는 그 결과로 인하여 창출 또는 파생되는 제품, 시설·장비, 지식재산권 등 유형·무형의 성과를 의미한다(혁신법 제2조 제5호). 연구개발성과의 구체적인 예는 다음 표와 같다.[41]

1. 제품
2. 시설·장비
3. 논문
4. 특허 등 지식재산권
5. 법 제12조제4항부터 제6항까지의 규정에 따른 연차보고서, 단계보고서, 최종보고서 또는 성과활용보고서의 원문

---

[40] IX장의 내용은 2023년 국방부와 IITP가 발주한 연구용역과제로서 필자가 집필한 「국방ICT 연구개발 성과물의 국방활용촉진 관리방안 연구」의 내용 중 일부이다.
[41] 혁신법 시행령 제3조.

6. 연구개발과제에서 창출 또는 파생된 기술의 요약정보
7. 생명자원
8. 소프트웨어
9. 화합물(化合物)
10. 신품종
11. 표준

2. 연구개발성과의 권리 귀속

가. 소유권

1) 혁신법의 태도

혁신법은 연구개발 결과물의 유형과 관계없이 원칙적으로 연구개발기관이 연구개발성과에 대한 권리를 소유하도록 정하고 있다.[42] 과거에는 연구개발성과물을 국가에 귀속시키는 기조였으나, 이에 대하여 발명자 보호 및 성과 확산에 역행한다는 지적이 꾸준히 제기되어 2010. 2. 4. 개정된 과학기술기본법(2010. 8. 5. 시행 법률 제9992호) 제11조의3에 "국가연구개발사업의 결과물은 국가연구개발사업

---

42 혁신법 제16조(연구개발성과의 소유·관리) ① 연구개발성과는 해당 연구개발과제를 수행한 **연구개발기관이** 해당 연구자로부터 연구개발성과에 대한 권리를 승계하여 **소유하는 것을 원칙**으로 한다.

에 참여하는 연구형태와 비중, 연구개발결과물의 유형 등을 고려하여 대통령령으로 정하는 바에 따라 연구기관 등의 소유로 한다."라며 규정을 명시하였고, 이후 현행 혁신법까지 연구개발기관에 성과물을 귀속시키는 정책은 유지되고 있다.

한편, 국가연구개발사업은 기본적으로 국가가 공공의 수요를 위하여 추진하는 것이므로 때로는 국가가 직접 그 성과물을 소유하고 이용·관리할 필요가 생길 수 있다. 이에 따라 혁신법은 공공의 이익을 위해 연구개발성과물을 국가가 소유할 수 있도록 예외를 두고 있다.[43]

2) 국방연구개발사업의 특칙

국방과학기술혁신 촉진법(이하 "국방과학기술혁신법")은 혁신법과 달리 국방연구개발사업의 성과물이 원칙적으로 국가에 귀속되도록 하고 있다.[44] 국방연구개발사업은 기술특성상 애초에 국가가 활용할 것을 염두에 두고 발주되는 경우가 많고 보안필요성 등이 여타의 국

---

43 혁신법 제16조 ③ 제1항 및 제2항에도 불구하고 중앙행정기관의 장은 다음 각 호의 어느 하나에 해당하는 경우에는 연구개발성과를 국가의 소유로 할 수 있다.
　　1. 국가안보를 위하여 필요한 경우
　　2. 공공의 이익을 목적으로 연구개발성과를 활용하기 위하여 필요한 경우
　　3. 해당 연구개발기관이 국외에 소재한 경우
　　4. 그 밖에 연구개발기관이 연구개발성과를 소유하는 것이 적합하지 아니하는 경우로서 대통령령으로 정하는 경우

44 국방과학기술혁신법 제10조(개발성과물의 귀속 등) ① 제8조에 따라 계약 또는 협약을 체결한 국방연구개발사업을 통해 얻어지는 개발성과물은 **원칙적으로 국가의 소유**로 한다.

가연구과제와 다른 특수성을 반영한 것으로 이해된다.

여기서 국방연구개발사업은 방위사업청장이 추진, 발주하는 무기체계·전력지원체계 연구개발 또는 국방부장관이 추진, 발주하는 전력지원체계 연구개발 사업을 말한다.[45]

나. 실시권

1) 법령의 태도

위와 같이 연구개발성과물에 대한 소유관계는 그 얼개가 법령에 규정되어 있으나, 실시권의 귀속 등에 관하여는 침묵하고 있다. 따라서, **연구개발성과물이 연구개발기관에 귀속되는 경우에는 별도로 실시에 관한 약정을 하지 않는 한 국가가 임의로 실시할 권한이 없는 것으로 해석**된다.

다만, 혁신법은 연구개발성과를 실시하여 생산된 물자의 최종 사용자가 국가나 지방자치단체인 경우 기술료를 감면할 수 있도록 하고 있다(혁신법 제18조 제3항 제3호).

한편, 방위산업 발전 및 지원에 관한 법률에 따라 추진되는 일정사업에 관하여는 방위사업청 훈령인 방위산업육성 지원사업 공통 운영

---

45 촉진법 제2조 제5호, 제8조.

규정으로 국가의 무상실시권을 규정하고 있다.

> 방위산업육성 지원사업 공통 운영규정 제27조(결과물의 귀속 등) ① 지원사업의 수행과정 및 결과에서 발생하는 연구시설·장비 및 시제품 등 유형적 결과물과 지식재산권, 보고서의 판권, 연구노트 등 무형적 결과물은 전문기관과 협약을 체결한 **주관기업의 소유를 원칙**으로 한다.
> ② 제1항에 따른 성과물의 실시권 허용 등에 관한 사항은 협약이 정하는 바에 따르며 **협약에 별도로 규정이 없는 경우 국가는 제1항에 따른 유·무형적 결과물을 무상으로 사용할 수 있다.**

2) 해외의 입법례

미국은 정부가 출연한 연구과제 성과물인 발명에 관한 소유 및 실시 관계를 연방법으로 규율하고 있다. 일명 베이돌법(Bayh-Dole Act)[46]으로 불리는 미국특허법 35 U.S.C. 제18장은 **연방정부가 개인, 소기업 또는 비영리기관을 대상으로 연구개발비를 지원하는 출연계약(funding agreement)으로부터 도출된 발명의 권리귀속과 이용허락** 등에 관하여 상세히 정하고 있다. 베이돌법은 연방정부가 지원하는 연구개발에 민간의 참여를 장려하면서도 그로부터 도출된 발명의 이용을 촉진하는 것을 목적으로 한다. 이를 위해 연구개발기관에 선택권을 부여하여 성과물에 대한 권리를 소유할 수 있도록 하되, 이를 위해

---

46 35 U. S. C. 제18장 제200조부터 212조까지의 규정을 통칭한다.

서는 여러 준수사항과 조건을 부과하고 있다. 그중에는 국가에 대한 무상의 비독점적 실시권 허여 의무가 포함되어 있다.[47]

3) 사견

국가연구개발성과물을 공적재원을 투입하여 이루어 낸 산출물로서, 공공재적 성격을 가지고 있다. 따라서 민간이 해당 성과물을 활용하지 않아 사장될 우려가 있거나 권리를 남용할 경우에는 국가가 적극적으로 개입하여 이를 시정할 필요가 있다. 이에 대비하여 국가의 무상실시권과 개입권을 도입하는 방안을 고민해야 한다.

---

47 연구개발기관은 해당 발명에 대하여 ⅰ) **연방 기관에 대하여 비독점적이고 양도 불가하며 철회 불가한 무상 라이선스를 허여하여야 하며**(with respect to any invention in which the contractor elects rights, the Federal agency shall have a nonexclusive, nontransferrable, irrevocable, paid-up license to practice or have practiced for or on behalf of the United States any subject invention throughout the world) ⅱ) 연방기관은 연구개발기관(또는 그의 실시권자 또는 양수인)으로 하여금 그 발명을 이용 또는 이용하기 위한 노력에 대한 **주기적인 보고**를 하도록 요구할 수 있으며, ⅲ) 해당 발명의 출원 시 출원서류에 정부지원을 통해 이루어졌다는 것과 정부가 실시권 등을 가진다는 점을 명시하여야 한다(35 U. S. C. 제18장 제202조 (c)항 (4) 내지 (6)호).

3. 연구성과물 중 발명을 국가에 귀속시키는 일응의 기준

가. 일반론

연구개발성과물인 특허의 소유 형태는 이론상 크게 세 가지로 나눌 수 있다. 연구개발기관이 전부 소유하는 경우, 국가와 연구개발기관이 공유하는 경우, 국가가 소유하는 경우이다.

國有   共有   私有

연구성과물에 대한 국가의 통제력 요구가 높을수록 위 스펙트럼의 좌측에 가까울 것이다. 그러나 연구개발성과물인 발명을 국가가 소유하는 것은 이론적·실무적 측면에서 난점이 있다. 애초에 발명자에게 귀속된 특허받을 수 있는 권리를 일회성 연구과제에 참여하였다는 이유로 국가에 귀속시킬 명분을 찾기 어려운 점은 차치하고라도, 현실적으로도 발명자를 비롯한 연구개발기관의 국가연구과제 참여 매력도를 훼손시킬 수 있으며, 나아가 국가가 직접 특허권을 관리하기 위해서는 인적·물적 자원이 추가로 소요되기 때문이다.

그러나 특허를 연구개발기관과 국가가 공동 소유하는 경우에는 위와 같은 허들은 낮아진다. 왜냐하면, 국가연구과제가 본래 국가가 수행할 업무를 출연금이나 기금을 들여 민간의 자원을 동원해 수행하는 공적 업무 성격이 강하므로 그 산출물 또한 공공재적 성질을 내재하고 있기 때문이다.

따라서, **연구성과물에 대한 국가통제력이 높게 요구되는 경우라도 연구개발기관과 공유하는 방식을 우선적으로 검토하는 것이 바람직**하며, 국가의 통제력 요구보다는 단순히 업무상 실시 수요가 발생한 경우라면 연구개발기관이 소유하되 그로부터 실시권을 허여받는 것이 바람직하다.

한편, 혁신법은 원칙적으로 연구개발기관이 특허를 소유하는 것으로 원칙으로 하되 협약 당사자 간의 약정으로 국가 소유로 할 수 있도록 하고 있으나, 어떠한 경우에 국가소유로 하는 것이 정당화될 수 있는지에 대한 지침은 부재하다. 따라서, 본 항에서는 특허를 국가가 소유하는 것이 합리적인지 판단하는 일응의 기준을 제시해 보고자 한다.

나. 국가 귀속 결정의 일응의 기준

1) 기술 분야 및 보안성 정도

특허권을 국가에 귀속시킨다는 것은 원칙적으로 국가가 해당기술을 독점하고자 하는 의지를 표명한다고 할 수 있다. 이는 해당 기술의 실시를 시장원리에 맡기는 것이 부적합하거나 해당 기술의 실시가 국가보안과 관련되어 있는 등 국가의 직접적 감독이 요구되는 경우가 그러하다. 따라서, 해당 특허기술이 직접적·명시적으로 의도하는 적용 분야가 국가의 본래 업무 범위에 속하거나 민간이 수행하기 곤란한 분야에 속하는 경우, 해당 과제의 보안성이 높은 경우에는 국가에 귀속시키는 것이 바람직하다 할 것이다. 국방, 우주, 핵에너지 등 거대 과학기술 분야가 대표적이다.

2) 기술 성숙도

현재 세계적으로 통용되는 기술성숙도(Technology Readiness Level, TRL)는 기술의 수준을 아래와 같이 기초 개념부터 양산화까지 총 9단계로 분류하고 있다. TRL은 목적 대상인 시스템을 요소기술 별로 기술 수준의 도달 상태를 파악하여 개발 리스크를 관리하기 위해 도입된 개념이다. 국가연구과제는 기초원리 규명 단계인 1단계와 양산 단계인 9단계를 제외한 단계의 기술을 중심으로 지원되고 있다.

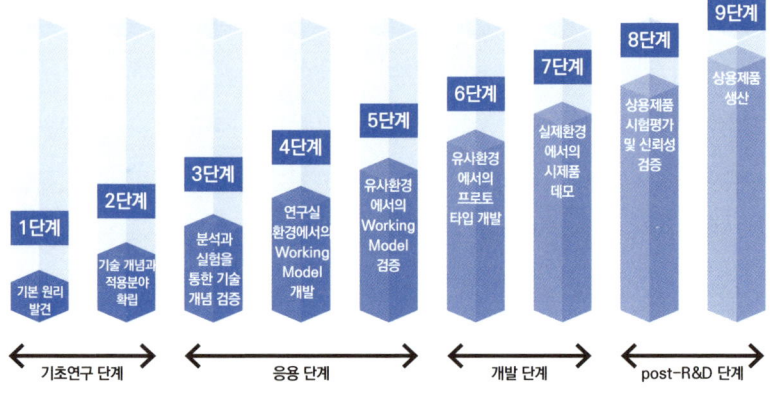

기술성숙도(출처: 국가과학기술인력개발원)

이러한 TRL은 연구과제성과물의 소유권 귀속 시에도 고려될 수 있다. 기술성숙도가 높을수록 국가가 직접 실시하여 그 효능을 확인하고자 하는 욕구나 현실적 필요가 크기 때문이다. 특히 국방이나 항공우주 분야의 경우 시제품의 실증이나 신뢰성 평가는 국가가 관리하는 인프라 활용이 필수적으로 수반되므로 국가가 소유하여 자유롭게 실시하는 것이 바람직할 수 있다.

3) 기술 핵심도

타인의 선행특허 발명을 개량한 것을 이용발명이라고 하는데, 이용발명에 대해 특허권을 취득하는 데 법적인 장애가 없다. 즉, 甲이 특허권을 가지는 A라는 기술을 乙이 개량하여 A+α기술을 개발하면 乙은 단독으로 A+α에 대하여 특허권을 취득할 수 있다. 이를 이용발명이라 한다. 다만, A+α를 실시하려면 A의 허락을 받아야 한다(특허법 제98조[48]).

따라서 원천기술처럼 기술의 핵심도가 높을수록 시장지배력이 커질 수 있다. 반면, 공공활용성이 높은 기술이라 하더라도 주변기술에 해당한다면 국가가 통제할 필요성이 낮아진다. 이렇듯 연구개발성과물인 특허를 국가가 소유할 당위성을 판단함에 있어 기술핵심도도 고려 요소 중 하나라 할 것이다.

---

48 제98조(타인의 특허발명 등과의 관계) 특허권자·전용실시권자 또는 통상실시권자는 특허발명이 그 특허발명의 특허출원일 전에 출원된 타인의 특허발명·등록실용신안 또는 등록디자인이나 그 디자인과 유사한 디자인을 이용하거나 특허권이 그 특허발명의 특허출원일 전에 출원된 타인의 디자인권 또는 상표권과 저촉되는 경우에는 그 특허권자·실용신안권자·디자인권자 또는 상표권자의 허락을 받지 아니하고는 자기의 특허발명을 업으로서 실시할 수 없다.

4. 공공연구기관의 연구개발성과에 관한 권리관계

가. 직무발명의 권리관계

공공연구기관[49]이 그 소속 연구원을 참여시켜 수행한 국가연구과제의 성과물 중 발명은 직무발명[50]에 해당한다. 그런데 공공연구기관은 직무발명에 관하여 특허등을 받을 수 있는 권리나 특허권을 승계시키는 근로계약이나 근무규정을 두고 있다. 따라서, **원칙적으로 발명이 완성된 때부터 그에 대한 권리는 발명자로부터 공공연구기관에 승계**된다(발명진흥법 제13조 제1항).

---

49 본 항에서는 기술의 이전 및 사업화 촉진에 관한 법률 제2조 제6호에서 정한 다음의 기관을 의미한다.
　가. 국공립 연구기관
　나. 「과학기술분야 정부출연연구기관 등의 설립·운영 및 육성에 관한 법률」 제8조제1항에 따라 설립된 정부출연연구기관
　다. 「특정연구기관 육성법」 제2조를 적용받는 특정연구기관
　라. 「고등교육법」 제2조에 따른 학교
　마. 그 밖에 「민법」 또는 다른 법률에 따라 설립된 연구개발과 관련된 법인·단체로서 기술의 이전 및 사업화(이하 "기술이전·사업화")를 촉진하기 위하여 대통령령으로 정한 기관

50 "직무발명"이란 종업원, 법인의 임원 또는 공무원(이하 "종업원등")이 그 직무에 관하여 발명한 것이 성질상 사용자·법인 또는 국가나 지방자치단체(이하 "사용자등")의 업무 범위에 속하고 그 발명을 하게 된 행위가 종업원등의 현재 또는 과거의 직무에 속하는 발명을 말한다(발명진흥법 제2조 제2호).

나. 직무발명 승계 후 포기의 자유

한편, 공공연구기관은 승계받은 직무발명에 대하여 국내 또는 해외에서 특허등을 받을 수 있는 권리 또는 특허권 등을 포기할 수 있다. 포기에 대하여 해당 직무발명을 완성한 연구원등의 동의를 필요로 하지 아니하며 포기의 효과로 직무발명에 관한 권리가 다시 연구원등에게 자동적으로 귀속되는 것도 아니다. 결국 해당 직무발명에 대한 권리는 소멸하게 되며 그 발명은 공공의 영역에 귀속되어 누구나 자유실시가 가능하게 된다.

다. 직무발명 포기 시 종업원이 양수할 기회 부여

공공연구기관이 포기하는 직무발명 중에는 상업적 가치는 낮지만 학술적 가치가 있거나, 특정 분야에서는 활용 가능성이 있는 기술이 포함될 수 있다. 이러한 기술이 완전히 사장되는 것을 방지하고, 발명자가 자신의 전문성을 바탕으로 해당 기술을 활용할 수 있는 기회를 제공함으로써 기술의 활용도를 높여야 한다는 주장이 제기되었고, 이에 따라 2021. 4. 20. 개정된 발명진흥법은 공공연구기관이 승계한 직무발명에 대한 권리를 포기하려는 경우 일정 기간 내에 해당 직무발명을 완성한 종업원등에게 그 사실을 통지하여 권리 양수의사를 확인하도록 의무화하였다(발명진흥법 제16조의2).

직무발명과 배임죄

직무발명에 대한 특허를 받을 수 있는 권리 등을 사용자 등에게 승계한다는 취지를 정한 약정 또는 근무규정의 적용을 받는 종업원 등은 사용자 등이 이를 승계하지 아니하기로 확정되기 전까지는 임의로 위와 같은 승계약정 또는 근무규정의 구속에서 벗어날 수 없는 상태에 있는 것이어서, 종업원 등이 그 발명의 내용에 관한 비밀을 유지한 채 사용자 등의 특허권 등 권리의 취득에 협력하여야 할 의무는 자기 사무의 처리라는 측면과 아울러 상대방의 재산보전에 협력하는 타인 사무의 처리라는 성격을 동시에 가지게 되므로, 이러한 경우 종업원 등은 배임죄의 주체인 '타인의 사무를 처리하는 자'의 지위에 있다고 할 것이다. 따라서 위와 같은 지위에 있는 종업원 등이 임무를 위반하여 직무발명을 완성하고도 그 사실을 사용자 등에게 알리지 않은 채 그 발명에 대한 특허를 받을 수 있는 권리를 제3자에게 이중으로 양도하여 제3자가 특허권 등록까지 마치도록 하는 등으로 그 발명의 내용이 공개되도록 하였다면, 이는 사용자 등에게 손해를 가하는 행위로서 배임죄를 구성한다(대법원 2012도6676 판결).

X. 국가연구과제와 개인정보의 활용

1. 개설

2020년 개인정보보호법의 개정으로 국가연구과제를 비롯한 과학적 연구, 통계작성 등 목적으로 개인정보를 가명처리하여 활용할 수 있도록 함으로써 AI 분야 등 방대한 데이터를 요하는 연구개발사업을 원활히 수행할 수 있게 되었다. 나아가, 2023. 3. 14. 개정된 개인정보보호법은, 드론이나 자율주행 자동차 등 이동형 영상정보처리기기[51]에 의한 개인정보를 수집이 가능한 예외를 명시함으로써 자율주행 등 AI 분야에 필요한 데이터 수집이 가능해졌다.

---

51 이동형 영상정보처리기기를 이용해 공간과 공간 내 사람, 사물 등의 정보를 연속적으로 수집하는 것은 "일정한 공간에 지속적으로 설치되어 사람이나 사물의 영상을 촬영하는 것"이 아니므로 개인정보보호법 제25조(고정형 영상정보처리기기의 설치·운영 제한)의 적용대상이 아니다.

2. 가명정보의 활용

가. 가명정보의 개념

"가명정보"란 개인을 식별할 수 있는 정보를 가명처리함으로써 원래의 상태로 복원하기 위한 추가 정보의 사용·결합 없이는 특정 개인을 알아볼 수 없는 정보를 의미한다(개인정보보호법 제2조 제1호 다목).

여기서 "가명처리"란, 개인정보의 일부를 삭제하거나 일부 또는 전부를 대체하는 등의 방법으로 추가 정보가 없이는 특정 개인을 알아볼 수 없도록 처리하는 것을 말한다(개인정보보호법 제2조 제1호의2).

나. 가명정보의 처리

제28조의2(가명정보의 처리 등) ① 개인정보처리자는 통계작성, 과학적 연구, 공익적 기록보존 등을 위하여 정보주체의 동의 없이 가명정보를 처리할 수 있다.
② 개인정보처리자는 제1항에 따라 가명정보를 제3자에게 제공하는 경우에는 특정 개인을 알아보기 위하여 사용될 수 있는 정보를 포함해서는 아니 된다.

통계란 특정 집단이나 대상 등에 관하여 작성한 수량적인 정보를 의미하며, 통계작성의 목적은 시장조사와 같은 상업적 목적으로도 가능하다.

통계작성의 예시

- 도로구조 개선 및 휴게공간 추가설치 등 고객서비스 개선을 위하여 월별 시간대별 차량 평균속도, 상습 정체구간, 사고구간 및 원인 등에 대한 통계를 작성하는 경우
- 유통경로별 상품판매 전략을 수립하기 위하여 판매 상품을 구입한 회원의 연령, 성별, 선호색상, 구입처, 기능 및 가격 등에 관한 통계를 작성하는 경우

과학적 연구란 기술의 개발과 실증, 기초연구, 응용연구 및 민간 투자 연구 등 과학적 방법을 적용하는 연구를 말한다. 과학적 연구는 자연과학적 연구, 사회과학적 연구 분야도 포섭하며 새로운 기술·제품·서비스 개발 등 산업적 목적을 위해서도 수행이 가능하며 민간 투자 연구도 가능하다.

과학적 연구의 예시

- 코로나19 위험 경고를 위해 생활패턴과 코로나19 감염률의 상관관계에 대한 가설을 세우고, 건강관리용 모바일앱을 통해 수집한 생활습관, 위치정보, 감염증상, 성별, 나이, 감염원 등을 가명처리하고 감염자의 데이터와 비교·분석하여 가설을 검증하는 경우

- 연령, 성별에 따른 체중관리 운동 시뮬레이션 프로그램 또는 운동관리 애플리케이션을 개발하기 위하여 웨어러블 기기를 이용하여 수집한 맥박, 운동량, 평균 수면시간 등에 관한 정보와 이미 보유한 연령, 성별, 체중을 가명처리하여 활용하는 경우

공익적 기록보존이란, 공공의 이익을 위하여 지속적으로 열람할 가치가 있는 기록을 보존하는 것을 의미한다. 공공기관이 처리하는 경우에만 공익적 목적이 인정되는 것은 아니며, 민간기업, 단체 등이 일반적인 공익을 위하여 기록을 보존하는 경우에도 공익적 기록보존 목적이 인정된다.

공익적 기록보존의 예시
- 연구소가 현대사 연구 과정에서 수집한 정보 중에서 사료가치가 있는 생존 인물에 관한 정보를 기록·보관하고자 하는 경우

다. 가명정보 관련 준수사항

1) 가명정보의 결합 제한

통계작성, 과학적 연구, 공익적 기록보존 등의 목적으로 서로 다른 개인정보처리자 간의 가명정보를 결합하려고 할 경우에는 개인정보처리자 스스로 하여서는 아니 되고, 개인정보 보호위원회 또는 관계

중앙행정기관의 장이 지정하는 전문기관에게 의뢰하여야 한다.

2) 가명정보에 대한 안전조치의무

개인정보처리자는 가명정보를 처리하는 경우에는 원래의 상태로 복원하기 위한 추가 정보를 별도로 분리하여 보관·관리하는 등 해당 정보가 분실·도난·유출·위조·변조 또는 훼손되지 않도록 안전성 확보에 필요한 기술적·관리적 및 물리적 조치를 취하여야 한다.

나아가, 개인정보처리자는 가명정보를 처리하고자 하는 경우에는 가명정보의 처리 목적, 가명처리한 개인정보 항목, 가명정보 이용내역, 제3자 제공 시 제공받는 자 등이 포함된 관리 기록을 작성하여 보관하여야 한다.

3) 가명정보 처리 시 금지사항

누구든지 특정 개인을 알아보기 위한 목적으로 가명정보를 처리해서는 아니 된다. 위반 시 전체 매출액의 100분의 3 이하에 해당하는 과징금을 부과할 수 있다. 개인정보처리자는 가명정보를 처리하는 과정에서 특정 개인을 알아볼 수 있는 정보가 생성된 경우에는 즉시 해당 정보의 처리를 중지하고, 지체 없이 회수·파기하여야 한다.

라. 가명정보의 제3자 제공 시 주의사항

개인정보보호법은 가명정보를 제3자에게 제공하는 경우 특정 개인을 알아보기 위하여 사용될 수 있는 정보를 포함할 수 없도록 하고 있다. 따라서 가명정보를 원래의 상태로 복원할 수 있는 추가 정보는 물론 특정 개인을 알아보기 위하여 사용될 수 있는 정보들은 명칭, 종류, 형태나 내용을 불문하고 제3자에게 제공하여서는 아니 된다.

3. 이동형 영상정보처리기기에 의한 촬영

가. 문제점

이동형 영상정보처리기기에 의한 촬영은 일반적으로 공간에서 사람과 사물의 복합적 상호작용으로 발생하는 이벤트를 관찰하기 위한 것이 주된 목적이나 이 과정에서 부수적으로 개인정보가 수집된다. 그러나 이동성을 전제로 하는 특성상 정보주체로부터 개별적으로 개인정보수집 동의를 받는 것은 현실적으로 불가능하다. 한편, 이동형 영상정보처리기기에 의한 촬영 시 프라이버시 보호를 위해 개인정보를 자동으로 필터링하도록 의무화하는 것은 현재 단계에서는 기술적, 비용적 측면에서 한계가 존재한다. 이에 따라 개인정보보호법은 이동형 영상정보처리기기에 의한 촬영의 필요성과 프라이버시를 절충하는 방안을 마련하였다.

나. 허용되는 경우

업무를 목적으로 이동형 영상정보처리기기를 운영하는 자는 다음의 경우에 한하여 공개된 장소에서 이동형 영상정보처리기기로 사람 또는 그 사람과 관련된 사물의 영상(개인정보에 해당하는 경우로 한정한다)을 촬영할 수 있다.

1. 개인정보보호법 제15조제1항 각 호[52]의 어느 하나에 해당하는 경우
2. 촬영 사실을 명확히 표시하여 정보주체가 촬영 사실을 알 수 있도록 하였음에도 불구하고 촬영 거부 의사를 밝히지 아니한 경우. 이 경우 정보주체의 권리를 부당하게 침해할 우려가 없고 합리적인 범위를 초과하지 아니하는 경우로 한정한다.

다. 준수사항

위 각 호에 해당하여 이동형 영상정보처리기기로 사람 또는 그 사람과 관련된 사물의 영상을 촬영하는 경우에는 불빛, 소리, 안내판 등 대통령령으로 정하는 바에 따라 촬영 사실을 표시하고 알려야 한다. 나아가, 이동형 영상정보처리기기운영자는 개인정보가 분실·도난·유출·위조·변조 또는 훼손되지 아니하도록 안전성 확보에 필요한 기술적·관리적 및 물리적 조치를 하여야 한다.

---

52 1. 정보주체의 동의를 받은 경우
    2. 법률에 특별한 규정이 있거나 법령상 의무를 준수하기 위하여 불가피한 경우
    3. 공공기관이 법령 등에서 정하는 소관 업무의 수행을 위하여 불가피한 경우
    4. 정보주체와 체결한 계약을 이행하거나 계약을 체결하는 과정에서 정보주체의 요청에 따른 조치를 이행하기 위하여 필요한 경우
    5. 명백히 정보주체 또는 제3자의 급박한 생명, 신체, 재산의 이익을 위하여 필요하다고 인정되는 경우
    6. 개인정보처리자의 정당한 이익을 달성하기 위하여 필요한 경우로서 명백하게 정보주체의 권리보다 우선하는 경우. 이 경우 개인정보처리자의 정당한 이익과 상당한 관련이 있고 합리적인 범위를 초과하지 아니하는 경우
    7. 공중위생 등 공공의 안전과 안녕을 위하여 긴급히 필요한 경우